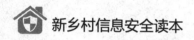 新乡村信息安全读本

互联网金融诈骗防范手册

主　编　梁大为　梁程浩

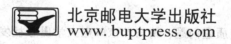
北京邮电大学出版社
www.buptpress.com

内 容 简 介

互联网的新兴金融诈骗案在近年来层出不穷，借贷平台、微商传销、消费返利、虚拟货币、养老投资、慈善骗局等这些披着"合法"外衣的诈骗形式借用网络平台肆意掠夺着普通民众的积蓄。由于知识水平的局限，近年来乡村地区更成为此类诈骗的重灾区。

本书结合翔实的案例，深入解析每种诈骗类型，是一本用于防范金融诈骗的知识普及读物。

图书在版编目（CIP）数据

互联网金融诈骗防范手册 / 梁大为，梁程浩主编．---北京：北京邮电大学出版社，2018.9（2020.8重印）

ISBN 978-7-5635-5422-5

Ⅰ．①互… Ⅱ．①梁…②梁… Ⅲ．①互联网络－金融－诈骗－预防犯罪－中国－手册 Ⅳ．①D924.334-62

中国版本图书馆 CIP 数据核字（2018）第 061170 号

书　　　名：	互联网金融诈骗防范手册
著作责任者：	梁大为　梁程浩　主编
责任编辑：	满志文　穆晓寒
出版发行：	北京邮电大学出版社
社　　　址：	北京市海淀区西土城路 10 号（邮编：100876）
发　行　部：	电话：010-62282185　传真：010-62283578
E-mail：	publish@bupt.edu.cn
经　　　销：	各地新华书店
印　　　刷：	保定市中画美凯印刷有限公司
开　　　本：	720 mm×1 000 mm　1/16
印　　　张：	9
字　　　数：	121 千字
版　　　次：	2018 年 9 月第 1 版　2020 年 8 月第 15 次印刷

ISBN 978-7-5635-5422-5　　　　　　　　　　　　　　　　　　　定　价：18.00 元

・如有印装质量问题，请与北京邮电大学出版社发行部联系・

目　录

第一章　社交网络诈骗 ········· 001

一、微信号盗号 ········· 001
二、微信、QQ、微博身份伪装 ········· 004
三、微信、QQ、微博代购 ········· 007
四、微信、QQ、微博招兼职刷客 ········· 010
五、微信"附近的人"、QQ漂流瓶 ········· 013
六、微信"摇一摇"色情交友 ········· 016
七、微信点赞骗局 ········· 019
八、微信二维码 ········· 022
九、微信朋友圈售假 ········· 023
十、微信朋友圈投票 ········· 026
十一、微信、微商诈骗 ········· 027
十二、微信、微博爱心捐款 ········· 029
十三、盗用QQ号码 ········· 034
十四、网游交易诈骗 ········· 037
十五、直播间诈骗 ········· 039
十六、陌陌诈骗 ········· 043
十七、QQ赌博博彩 ········· 045
十八、QQ彩票预测 ········· 048
十九、搜到诈骗网站 ········· 051
二十、搜到淫秽色情网站 ········· 054
二十一、搜到附带木马病毒的网站 ········· 056

第二章　网络传销、招聘和婚恋诈骗 ········· 059

一、免费陷阱 ········· 059

二、爱心互助 062
三、网络营销、网络直购 064
四、网络游戏 067
五、基金传销 069
六、面试收费欺诈 071
七、监控面试招工 073
八、重金代孕、求孕、求子 075
九、网络婚恋、婚托诈骗 078
十、网络征婚 083

第三章　电子商务诈骗 090

一、第三方支付 090
二、交易"卡单"圈套 093
三、团购陷阱 096
四、网购秒杀 098
五、网购送储蓄卡 101
六、客服退款链接 103

第四章　互联网金融诈骗 107

一、P2P平台虚假投资标 107
二、虚假借款诈骗 111
三、网络炒汇/炒金 113
四、众筹诈骗 117
五、非法集资 120
六、网络理财 125
七、积分兑奖品 130
八、股票骗局 133

第一章 社交网络诈骗

一、微信号盗号

微信号盗号诈骗是指诈骗者通过盗取微信账号、盗取绑定微信的QQ号码，以及绑定的手机号码等方式获得微信号登录权，进而冒充微信号主人与朋友或家人联系，并以各种理由要钱。诈骗经过如下。

（1）骗取微信号登录权

诈骗者通常在知道账号或者绑定的手机号码后，使用手机号码验证绕过密码直接登录。不法分子利用这一漏洞在骗取我们的手机号码和验证码后，可以轻易盗号。很多骗子会分两步，第一步——先骗取我们的号码，第二步——隔段时间伺机说需要发验证码或者网址到我们的手机，让受骗者掉以轻心。

（2）冒充好友群发信息

骗子群发"急需用钱""帮忙交费"等信息，骗取微信好友的钱财。

（3）被识破后换招数

如果微信好友提防性太强，诈骗者则发送一条"刚才不是我发的微信，我微信号被盗了"进入盗号环节，并要求微信好友将收到的验证码发给他。

（4）循环往复盗取更多微信号实施诈骗

微信好友一旦回复验证码，骗子将获得更多人的微信号登录权限。循环第一步进行诈骗。

诈骗案例

- 陈先生收到好友微信帮忙充话费，被骗200元。

2016年1月23日，陈先生收到了好友的一条微信："能交费吗？1593410××××帮我交200元，明天给你。"陈先生看到要交费的号码不是朋友的手机号，以为朋友是给家人应急交费，二话没说就交了200元。当他交完后，朋友又让他再给另一个号码充300元话费，他这才起了疑心。陈先生当即给朋友打了电话，这才知道朋友的微信号被盗了，是盗号的骗子群发了交话费的消息。

- 刘女士发送验证码后微信被盗，多名好友被骗。

2015年11月29日上午，正在上班的刘女士接到微信好友"半瓶水"发来的一条微信："我换手机了，你的手机号弄没了，把你号码发给我。"刘女士没多想，就告诉了对方。不一会，对方又发来微信："我发到你手机的验证码收到了吗？我用新手机登录微信需要好友验证，把收到的验证码发给我。"刘女士一看，手机上果然收到一条信息，有一个6位数的验证码，于是就将该验证码发了过去。

没过多久，刘女士接到10多个微信好友打来的询问电话。"他们说收到我的微信，内容是：我手机马上要欠费了，麻烦微信上转100元给我充话费。"接到第一个电话后，刘女士意识到了自己的微信号被

第一章 社交网络诈骗

盗,于是联系微信客服要求找回微信,但是客服回复:"原来的手机号已经解绑了,那个验证码就是解绑用的。"

骗子见刘女士的好友警惕性比较高,又群发微信"刚才不是我发的微信,我微信号被盗了",并要求刘女士的朋友将收到的验证码发给他,以便取回微信号,结果,刘女士多位朋友被盗号。

刘女士为了不让朋友无辜蒙受损失,花了很多时间给加了自己微信的朋友都发了短信,告知微信号被盗,让他们提防诈骗,注意这种验证号盗号诈骗的新手段,即使如此仍然有 5 位好友已经通过微信转账给了骗子。

- 梁先生微信账号被盗,好友被骗走 1 万元。

2015 年 2 月 4 日晚上,杨女士看到好友梁先生在微信朋友圈说他的微信账号此前被盗了,因此不管此前说了些什么,朋友们都别相信。看到这句话,杨女士突然意识到自己被骗了。原来,四五天前"梁先生"突然给她发微信,说:"我让朋友帮我办点事还差些钱,想麻烦你先帮忙转账,钱明天还给你可以吗?"由于之前梁先生帮过自己不少忙,杨女士毫不犹豫地就答应了。

杨女士在转账前,曾拨打了梁先生的电话,想告诉他马上给他转钱。可是,当时电话占线,她心想着对方在外地出差很忙,就没有当回事儿,直接把钱转过去了。直到前天晚上,看到梁先生发朋友圈说账户被盗,才知道被骗了。

事发时,梁先生的手机微信账号被盗了,根本登录不上去。后来,他通过腾讯客服找回了账号,第一时间发朋友圈提醒,没想到已经晚了。

防骗指南

微信盗号诈骗往往利用人们的社交心理:一般不会拒绝来自好友

的帮忙请求，尤其是发个手机号、帮忙激活验证码这类小事。不法分子利用这一心理骗取我们的手机号码和验证码后，可以轻易绕过微信账号密码登录盗走我们的微信号。然后破解我们的支付密码，利用我们的微信账号以各种借口向我们的微信好友进行诈骗。

牢记以下5点，远离微信盗号骗局。

（1）不要轻易将手机号和验证码告诉别人。

（2）微信钱包要设置密码。

（3）在即时聊天工具中遇到好友请求给陌生号码充话费，第一时间通过电话联系好友确认，此外可以查一下手机号码的归属地，如非本地号码，就很有可能是遇到了骗子。

（4）如果收到了官方平台发布的"异地登录异常"短信，也应引起重视，尽快修改登录密码。

（5）在使用微信钱包时一定要注意，不要在关联银行卡和微信零钱包内存入大量现金。

二、微信、QQ、微博身份伪装

诈骗者一般伪装成高富帅或者白富美，通过微信群、QQ群、微博私信、搜索"附近的人"等搭讪单身男女，在骗取感情上的信任后，进而以借钱、商业资金紧张、手术等为由，虚构急需还房贷、人在国外等情节骗取钱财。

诈骗案例

- 小罗为"富二代"慷慨解囊，却被骗走一台苹果手机和15500元。

女孩小罗通过微信认识男士阿斌。阿斌在微信里不时晒出各种豪宅、名车和奢侈品的照片。不过，阿斌告诉小罗，不想让别人认为自己是靠父母的富二代，所以隐瞒身份，到自家集团的台州分公司当一名基层销售员。聊着聊着，两人成了朋友。阿斌说，自己想开家酒吧，可是还差1万元，小罗豪爽地掏出了钱。没过几天，阿斌说，自己丢了钱包和手机，向小罗借了一部苹果4S手机和5500元。可是从那以后，阿斌微信不回，手机关机，小罗联系不上他了，才发现自己受骗了。

- 章先生被"女护士"一年骗走13万元。

2014年11月，章先生在QQ上看到林某求助，称自己是城区某大医院的护士，自己在外地出诊，正在读书的弟弟遇到麻烦，急需汇款800元。章先生与林某并没见过面，原本不打算搭理，但念及其可怜求助，钱又不多，便给其指定的账户上打了1000元。当天下午，林某称自己赶到老家，才知道弟弟与校外人员发生纠纷，"要2800元了结，可我自己没带钱"。章先生比较谨慎，打了林某的电话，并要求"她"发照片，章先生对比了一下照片，发现跟她QQ上的照片一致，林某说过几天就还，章先生也就没有多想。

不料没几天，林某又说母亲打工时发生意外受重伤，需要大量医疗费。面对林某又一次借钱，章先生比较犹豫，"不借，之前给的钱肯定没得还；借，只怕自己没法抽身"。可林某每次开口不大，章先生转念一想，就当做个善事，加上林某称在开发区有套房子正在挂牌出售，完全有偿还能力。于是，几次下来，章先生帮忙"垫付"了4.6万元。

就这样，截至2015年11月，章先生被林某以母亲手术、弟弟的学费、自己考证等各种理由先后70余次"借"走129100元。直至他亲自到城区多家医院核实，发现护士中没有林某这个人，才后悔不迭。

或许是入戏太深，当办案民警告诉章先生，跟他聊了一年，骗了他近13万元的网友是个男的，他还根本不信。其实嫌疑人的诈骗手段并不高明，却让受害人深信不疑，案件背后的细节发人深省。

- 黄小姐被小学同学借口"炒原油"投资骗走 3.5 万元。

2015 年 6 月初,27 岁的黄小姐在小学微信群里遇到了小学同学,也是小时候的邻居林某。不过,这次重逢,给她带来了噩梦。

黄小姐喜欢猫,微信聊了一段时间,她发现林某对养猫很在行。林某还允诺送她一只小猫,于是,黄小姐发了一个 197 元的微信红包给对方。接下来,话题也不局限于猫了,林某称,他开了一家网吧,还在一家汽车 4S 店入股,"每月收入超过 10 万元"。不过,林某说,相对于其他方面的投资,这些只是小意思。他介绍自己投了 100 万元在炒原油,还帮几个人托管账户,每户抽取盈利的 20% 作为报酬。他说,"除了父母给的几百万元房产和现金,其他的资产都是自己赚的"。让黄小姐开始动心的,是林某有意无意说的一句,"不会理财的女人都是傻蛋"。发现黄小姐感兴趣后,林某承诺高额回报,且随时能把钱转出来。于是,黄小姐分 4 次转账给林某 3.5 万元当投资款。

2015 年 8 月 6 日,黄小姐开始对林某产生怀疑,便要求退资,但林某却三番五次推脱。8 月 13 日,黄小姐发现林某的电话打不通了,意识到自己被骗,她立即赶到派出所报案。在警方侦查期间,2015 年 11 月 9 日,另一受害人崔女士也报案称,她跟林某同样在微信群里认识,轻信林某帮忙炒黄金,分 11 次转给他 68359 元。多次讨要无果,崔女士无奈才报案。12 月 1 日,公安机关立案侦查,3 天后,犯罪嫌疑人林某在网吧玩游戏时被抓获。调查发现,林某家境较好,算得上是个富二代,可他本人好逸恶劳,没有正当职业,诈骗所得的钱都外出游玩挥霍一空。

- 骗子冒充美女诱网友买"时时彩"实施诈骗。

自 2014 年 4 月以来,犯罪嫌疑人钱某通过开设"时时彩"公司网页,组织犯罪嫌疑人孙某等 5 人充当"业务员",把自己的 QQ 头像换成美女图片,以此添加了一大批网友。在和网友聊了两三天后,"业务员"就告诉网友:"我这边在做一个很好赚钱的项目,要不要也来投一些?"将网友诱骗到他们的"时时彩"网站上投注。

第一章 社交网络诈骗

投注者输钱自然不会吭声，而如果投注者赢钱想要提取现金退出时，他们就以网络故障、黑客攻击、数据混乱、会计不在等理由不让投注者提取资金，并怂恿他们继续玩。如果受害人一直想退出并提取现金，他们就将受害人拉入黑名单，凭借这样的手段实施诈骗。

防骗指南

互联网时代有句名言，因为网络交往对象的虚拟性、间接性、隐蔽性，我们永远不知道网络对面跟我们聊天的是人还是狗。所以，不要相信突然爱上了自己的高富帅或白富美，尤其是涉及钱财时，要三思而后行。

在上述案例中，林某在微信上把自己包装成多金的富二代、投资高手，连从小一起长大的邻居和同学都欺骗；而陌生人章先生，则彻底被假冒护士蒙骗。

牢记以下防骗小招，远离身份伪装诈骗。

（1）折翼天使不会多，防人之心不可无。

（2）网上交友要擦亮眼睛，涉及金钱须格外谨慎。

（3）提高安全防范意识，不轻易泄露个人资料，不随意答应网友的要求。

（4）在现实生活中的问题，尽可能找熟悉的亲友解决。

（5）不要依赖网友来满足自己的情感需求，以免上当受骗。

三、微信、QQ、微博代购

诈骗者声称能"海外代购"，价格非常优惠，打折代购，以此为诱饵，待顾客付了代购款之后，诈骗分子会以"商品被海关扣下，要加交关税"等类似的理由要求加付"关税",顾客付了钱,货品却收不到。

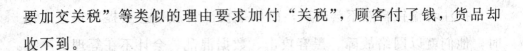

- 小鹏微信朋友圈求代购反被骗走2800元。

小鹏平时没事的时候就喜欢玩微信,通过微信,小鹏也交到了不少朋友。有一天,他突然在朋友圈中发现有位前段时间通过附近的人添加的好友现在去了美国,做起了代购生意,小鹏便在该好友的朋友圈发了一张想要购买的手表的图片,并主动联系该好友,经过一个多小时的交流,小鹏发现对方是专门做手表走私代购的。小鹏觉得,新年马上就要到了,他也喜欢了这款表很久,而且价格比专柜便宜好多,要不给自己买一款,犒劳一下自己吧。小鹏担心受骗,要求对方出示交易明细,待看到对方出示了一些以前的交易明细时,小鹏便放心了,把2800元钱款打到了对方指定的账号。对方表示,他们通过快递即刻发货。

过了一周,小鹏还没收到货,便上网查询快递单号,发现根本没有该单号的相关记录。小鹏怀疑自己被骗,第一时间报了警,警方认定与近期频繁发生的网络诈骗案类似,便成立了专案小组侦查此类案件。

- 男子微信代购苹果手机诈骗近万元。

王小姐在昆明做生意,刚认识不久的杨某从微信上给王小姐发了一条微信代购链接,王小姐点开一看,是即将上市的苹果8手机,链接上显示,海外代购价仅要4000余元。随后,杨某又多次在微信上发布可以从国外代购苹果8和苹果8Plus的信息。经多次与王小姐联系取得信任后,杨某以帮王小姐代购两部新上市的苹果8为幌子,于当年9月27日开始,让王小姐分4次通过支付宝向其转账9400元。然而

第一章 社交网络诈骗

付款后的王小姐却一直没见手机的踪影,这时杨某表示:海关查得紧,手机被海关扣下了。无奈,王女士只能要求杨某退钱,可等她再次打开微信时发现,杨某早已将她拖入黑名单。

"手机没拿到,钱也追不回来了,就当花钱买个教训。"王小姐说,就在她认为钱打了水漂时,整个事件出现转机。次年3月12日,王小姐在逛街时发现一名男子长相与微信中杨某的相貌非常相似,便马上拨打了110报警。接警而来的民警抓获了杨某并将其带回派出所调查,杨某当即承认了诈骗王小姐的犯罪事实,而此时,9400元钱早已被他挥霍一空。

"杨某根本就没有海外代购的途径,经过案件的全面审查,我们决定以诈骗罪对杨某提起公诉。"案件承办检察官介绍。

- 付款后卖家玩"消失",微信代购两人被骗18万元。

2017年6月27日,徐某通过微信加了一名叫蒋某的销售人员,蒋某声称自己是Air Jordan篮球鞋的销售代理。徐某一直对Air Jordan篮球鞋十分热衷,便向蒋某先后订购了80双价值135650元的限量版篮球鞋,打算转手卖出。

此后,徐某只收到了价值34650元的货物和蒋某退还的3万元。徐某有点担忧,多次催促蒋某将6.8万元货物发过来。

2017年7月18日以后,徐某怎么都联系不上蒋某,并发现自己在微信中也被蒋某拉黑,徐某意识到被骗了。

无独有偶,2017年7月6日,黎某同样通过微信从蒋某处订购了70双价值14万元的Air Jordan篮球鞋打算出售,对方只发过来22双价值19500元的货物和5000元退款,随后消失不见,至今还有115500元货款未退还给黎某。

当地刑警大队接到报案后,立即对蒋某展开调查工作。2017年10月,蒋某因涉嫌诈骗被山西省太原市公安局抓捕归案。经审讯,蒋某对其诈骗行为供认不讳,并交代所发货品不全是正品,是正品和仿冒品掺着卖。目前蒋某已被太原市公安局刑事拘留。

互联网金融诈骗防范手册

防骗指南

近年来,随着微信客户端的快速发展,微信销售、代购等行为日益活跃,不少人全职或兼职做起代购,微信用户时不时上朋友圈查看代购信息,也渐渐成为一种习惯。在朋友圈发布的代购信息里,国际名牌商品的价格往往比国内正规店便宜一半甚至更多,而这正是让不少人心动的原因,也为诈骗分子提供了可乘之机。

微信朋友圈与淘宝等网店卖东西不同,它的经营者大部分为个人,且不具备经营相关执照和证件,不属于《消费者权益保护法》中的经营者,如果出现产品质量问题或者遭遇诈骗,解决起来并不容易,消费者容易吃亏。

对代购诈骗需牢记以下几点。

(1)微信朋友圈交易时,要了解清楚卖家的真实身份信息。

(2)要保留相关的聊天记录,大件物品最好签订书面的买卖协议。

(3)要保留银行、支付宝等汇款、支付凭据,一般接受汇款的账户同卖方身份要相符。

(4)要通过安全的第三方交易平台完成支付,不要直接转账。

(5)不要轻信朋友圈的货品图,很有可能是盗图。

做到以上几点,卖家一般不敢只收钱不发货或者出售假货,即使出现上述的情况,消费者也可以依据这些证据及时维护自己的权益。

四、微信、QQ、微博招兼职刷客

"刷单"即假拍,刷单手(刷客)在网店下单支付后,店主再把货款和佣金返还给刷单手,这样一来可增加网店销量纪录和信誉度,吸引更多顾客光顾。然而诈骗分子发现了这一机会,利用网友想用空闲时间赚钱的心理,在微信、QQ、微博四处发布"招兼职刷单,免入会费"的广告。有网友感兴趣咨询后,假借培训费、买返佣金一步步引诱受骗人落入诈骗陷阱。诈骗过程如下。

例如,刷单培训费诈骗。

(1)投放广告,声称小投入大回报。

(2)受骗人前来咨询后先收取一部分入门培训费,声称在做任务时一步步返还。

(3)培训后被限制接单条件,声称升级为高级会员才能无限制。

诈骗案例

- 魏女士被骗99元。

全职太太魏女士平时空闲时间比较多,在浏览网络购物平台时接触到了刷单返现的平台,简单了解后,平台要求魏女士填写入会表格,里面包括昵称、真实姓名、性别、电话等选项,填好以后回传给他。之后他把魏女士转给培训师,培训师让魏女士加QQ,进行了简短的培训。

来回转了几个"房间"后,魏女士有些懵。当培训师说入会要先交99元钱,这笔钱通过任务可以返还时,她信以为真,立即用支付宝将钱转给了对方。魏女士交钱后,事情的发展超出了她的预想。交完钱后,培训师把魏女士转入一个名为"高级会员咨询部"的"房间",里面的人说魏女士只是普通会员,接单要看积分,积分达到300分才能接到好的单子,普通会员接一单只能赚2元钱,而且不能重复接单,如果接单犯错误,需要自己承担后果,再交99元钱可以升级为高级会员,升级后可以无限接单,并且高级会员可以接一个"50元返现"的单子。

对方说有什么问题可以向他咨询，魏女士问他刚交的99元入会费，做任务返还的事情，对方回答得模棱两可，让魏女士找最开始的接待人和培训师。魏女士返回找培训师，对方称如果不开通高级会员，只能接2元一单的任务，对方又把她转到"房间68787"。魏女士发现"房间"里有个"工作赚钱咨询室"，有人在咨询入会费的事情，但没有人搭理。这时，魏女士产生了疑心，特别是看到对方还把她的QQ拉黑了。

为讨个说法，魏女士准备返回最开始进入的"房间67895"，却被踢了出来，她给当初添加的好友发信息，也被拒收。直到这时，魏女士才意识到自己被骗了。魏女士表示，多亏她察觉得早，如果一直按对方的提示操作，说不定会被骗走更多钱。

钱没赚到，反搭进去99元，希望广大群众提高警惕，对于网上那些一开始要交钱的兼职信息，大家不要轻信，以免上当受骗。

- 陈女士兼职刷单被骗2.7万元。

北京的陈女士，在看到微博中介招刷客的广告后，联系到了对方。对方给她发来了电子版兼职合同，上面除了要填姓名、邮箱、银行卡号等信息外，还要附带支付宝余额和银行卡余额页面的截图。此外，对方还发送来中介公司的营业执照照片及法人身份证照片。

完成这些程序后，陈女士被要求试刷单，并给她发来了商家链接。陈女士的刷单任务，是在一家名为"卡盟吧"的网站，花108元购买面值100元的移动充值卡。试刷下单后不久，中介便返还了她108元的本金，并支付了5元的刷单佣金。试刷单的成功，让陈女士不再防备，她开始接单。这一次，对方给陈女士安排了5项任务，每项50单，即陈女士需要在"卡盟吧"购买250张移动充值卡。通过支付宝平台，陈女士花费了2.7万元完成了刷单任务，当她通过QQ与对方联系要求支付本金及佣金时，对方却以"任务超时系统卡单"为由拒绝，并要求她再重新刷一次任务才能返还。意识到不对劲的陈女士立即找对方理论，却被拉黑，无法联系对方。

当她查看买来的250个充值卡密码时,发现这些密码都是无效码,无法使用。陈女士事后回想,100元面值的卡卖108元本来就可疑,可当时她只想着佣金,就没太在意这些细节。

防骗指南

代刷信誉的行为属灰色地带,本身就与淘宝等网络商城的规则相冲突,建议大家不要轻信,切勿从事这类活动。如不慎被骗,要尽量保存证据,包括与骗子的聊天记录、诈骗网址、网店名称、骗子的QQ号、银行账户、手机号等关键信息,并第一时间向警方报案。

注意以下几点,远离刷单诈骗。

(1)在接受网络兼职时一定要通过工商网和工信网等官方网站核实公司或网站详情,切勿因小利盲目轻信,造成个人财产损失。

(2)要提高警惕,不要轻信任何轻易挣钱的谎言,骗子就是利用有些人贪便宜的心理实施诈骗。

(3)对待"来钱快"的兼职,不要被骗子迷惑。

五、微信"附近的人"、QQ漂流瓶

在诈骗案件中,有一类是犯罪分子利用微信"附近的人"和QQ漂流瓶结识被害人后,通过聊天取得被害人的信任进行诈骗。

诈骗案例

- 林先生捡到彩票漂流瓶被骗20多万元。

家住南川区的林先生经营着一家小网店,为了把网店经营得更好,

他向亲戚朋友借了 20 多万元扩大经营。生意做起来了，但这笔债却成了林先生的负担。2016 年 1 月的一天，喜欢在网上捡"漂流瓶"玩的林先生，发现了还款的捷径。据林先生回忆，那天，他捡到的漂流瓶是一个网名叫"伊猪猪"的 24 岁美女发来的，漂流瓶里有很多她买彩票中奖的截图。

"看到她一会儿中 170 元，一会儿又中 850 元，有时一天就能中一两千，我的心就痒了。"林先生迫不及待地向美女询问中奖的秘诀。"伊猪猪"很快就将"时时彩"网站发给了林先生，并耐心地教他注册账号。一开始，林先生只充了 50 元钱试试手气。"玩了几把，就赢了好几百元，这下我就停不下来了。"林先生立即又往账号里充了几百元，但这几百元很快就输了个精光。

为了赚回输的钱，林先生又向"伊猪猪"讨教买彩票赚钱的方法。在"伊猪猪"的指点下，林先生陆陆续续往两个账号里充了几万元，结果还是全赔了进去。失望的林先生正准备撒手不玩时，"伊猪猪"又发来了中奖的截图："我中了 1.5 万元，又中了 3.4 万元。"她告诉林先生："不中就投 2 倍，再不中就投 5 倍，投得越大，赢得越多。"

林先生又往里面存了 20 多万元，结果这次更惨。"赢的时候很少，输的时候一把就输没了，有一把就输了十几万元。"这时，林先生彻底慌了神，他准备把账号里仅剩的 4 万元取出来。没想到网站却总是显示操作失败。林先生向"伊猪猪"求助，发现对方的账号已注销。他又联系客服，对方却以系统维护等理由不让林先生提款。感觉事有蹊跷，林先生立刻来到南川区公安局南城派出所报了案。

• 李女士找工作被骗万元。

自半年前李女士通过微信"附近的人"认识了王某，两人经过微信多次聊天成了"朋友"。春节过后，李女士从老家回到北京，找工作四处碰壁，心情郁闷的李女士便向"好朋友"王某倾诉。之后，王某称他认识机场免税店的经理，可以介绍李女士去那儿工作，月薪5000元。

第一章 社交网络诈骗

李女士听到有这么好的机会，就和王某兴高采烈地聊了起来。当王某提出需要1万元去运作此事时，李女士也没有多想便同意了，两人约好2月23日见面。2月23日当天，两人在顺义某咖啡厅见面。李女士通过微信给王某转账1万元钱。王某告诉李女士回去等他的好消息，3月初就可去公司面试。转眼间到了3月7日，李女士还是没有收到让她去面试的消息。李女士赶忙给王某发微信，却发现对方已将自己删除。李女士这才意识到被骗，于是选择报警。

- 李先生网恋被骗钱。

来深圳打工不久的李先生，最近遭遇了一件骗钱骗感情的事。他不久前在网络上通过QQ漂流瓶结识了一名女性网友，误以为"桃花运"到了的他，很快被对方的花言巧语所蒙蔽结成"情侣"。哪知这名"女友"以家人手术、还债等多种理由骗走他近万元积蓄后就消失了。

据李先生介绍，他刚来深圳打工不久，就上网结识了一名主动添加好友的女性网友。当时李先生也没多想，跟这名女网友聊得火热，从衣、食、住、行到感情、生活无所不谈。几天后，这名女网友多次暗示对他有好感，愿意当他的女朋友。

多次借款后，李先生越来越感觉这个"女友"有点不对劲。"最近一次汇款后，她对我的态度明显冷淡。在网上给她发信息都很少回复我了，问她为什么也没说。"接着，李先生便联系不上这名女网友了。她的电话关机了，发信息也不回。意识到被骗，李先生立即向警方报案。

防骗指南

近年来，利用微信、陌陌、QQ等聊天软件交友，而后进行抢劫、诈骗、盗窃等违法案件时有发生。

请广大朋友提高警惕。

（1）涉及金钱方面的往来，不要轻易向对方账户打钱。

（2）求职者找工作时要通过正规渠道，不要被所谓的"走后门、找关系"所迷惑。

（3）不要接受不明身份的交友邀请，不要听信对方的花言巧语。

（4）不要随便与陌生人见面。

六、微信"摇一摇"色情交友

微信"摇一摇"色情交友诈骗是诈骗团伙通过微信的"摇一摇"功能以色情交易为诱饵，在进行交易过程中以多种理由要求客户先付款，或者谎称女子家人，利用受骗者担心丑事败露的心理加以威胁实施的诈骗。

诈骗案例

- 山西煤老板袁某"摇一摇"约色情服务被诈骗50余万元。

2017年7月6日，山西煤老板袁某到银川出差，通过微信"摇一摇"寻找到惠某。一来二去，两人互加了好友开始网聊。惠某用暧昧语言挑逗袁某，约定在附近的酒吧见面并引荐卖淫女胡某给袁某。随后两人回了酒店。其间，胡某以短信形式将房间号告知了同伙，几人冲进袁某所在的房间。袁某觉得理亏，答应赔付几万元。惠某却狮子大张口："你是在打发叫花子？最少赔100万元，否则我们就将此事告诉你老婆或者报警！"袁某不同意，几人就一顿拳打脚踢，袁某答应赔偿50万元。

随后，袁某给银川的朋友打电话送来20万元现金，并当场通过网

第一章 社交网络诈骗

银转账30万元。几人敲诈得逞后逃离现场,并对赃款进行了分配,其中,胡某还拿到了1万元的"封口费"。几人离开后,袁某鼓起勇气报了警。

警方通过调取案发现场的监控,锁定嫌犯的特征,并进行网上抓捕。7月20日,惠某纠集胡某等人出现在山西省太原市火车站附近某酒店,企图故伎重演,结果遇到巡逻民警,因其形迹可疑遭到盘问时露馅,被当地警方抓获。

其余嫌犯分别在包头、兰州等地落网。经审讯,赵某等人如实交代其犯罪事实。8月24日,赵某、惠某、胡某等人分别因涉嫌敲诈勒索罪被兴庆区检察院批准逮捕。

诈骗案破了,袁某也因嫖娼受到治安处罚。

- 王先生"摇一摇"获取上门服务被骗24800元。

王先生在湖南一家机械制造企业上班。2016年2月28日,他跟几个同事一起到杭州出差,住在小营附近一家商务酒店。当晚会餐后,王先生跟同事各自回了酒店房间,他开始谋划在杭州招一次嫖试试——他打开了微信"摇一摇",摇到了一名年轻女子,并互留了电话号码。女子自称××按摩院前台,听王先生说他人在杭州,表示可以安排杭州的小姐马上上门,陪夜费3000元。

王先生兴冲冲地用支付宝转了账。接下来的几分钟,方才的女子又多次来电,用各种理由要钱。如"现在杭州警方打击很严",要王先生再额外付一笔保证金,如"为了小姐的身体健康,事后要付体检费"等。到最后,女子甚至说今晚小姐们都很空,一口气来两个人,问王先生吃不吃得消,是否全要。半小时过去了,王先生半个人影都没有见到,却已经陆续汇过去24800元。

这时他心慌了,提出取消交易并退款。对方一听,马上挂断,换了一个语气凶恶的男子来电:"你敢耍我们?这是你说取消就取消的?告诉你我以前做过私家侦探,查你的底是分分钟的事,查出来看我们怎么收拾你!"王先生胆战心惊地在房间又等了大半个小时,并没人冲进来收拾他。再给对方去电话,已关机。

- 刘先生玩"摇一摇"约色情服务被骗 3000 多元。

几个月前,北京的刘先生经历了一件让他难以启齿的事儿。一天晚上,无聊的刘先生玩起了微信的"摇一摇",结识了一名自称"娜娜"的女子。娜娜通过微信向刘先生表示,可以低价提供性服务。刘先生看到后有些动心,要来了娜娜的地址。刘先生当时寂寞难挨,也没想太多就去了娜娜提供的地址。

当晚 10 点多,按照"娜娜"提供的地址,刘先生来到了一栋隐蔽的大厦地下一层的一家 KTV 内,一名自称是歌厅妈咪的中年女子接待了他。对方称娜娜一时走不开,安排了另外一名年轻女子到包房内陪他聊天。谁知道,年轻女子要来啤酒、饮料不住地劝刘先生喝,闭口不谈"正事"。刘先生提出性交易,该女子却一直闪烁其词,感觉受骗的刘先生便准备起身离开。谁想中年妈咪在包房门口拦住去路,让刘先生结算服务费和酒水费 2400 元及房间费、介绍费 980 元。

刘先生一看情况不对,就要掏出手机报警,不料这时,几个彪形大汉走了进来。一名自称是经理的男子将刘先生的手机夺走。门口的四五个男子气势汹汹地表示,如果不交钱就要"收拾"他。无奈之下,刘先生只好通过支付宝付给对方 3300 元。事后,刘先生气不过还是报了警。

事后,警方展开调查。很快,民警发现该 KTV 存在一个组织严密的犯罪团伙,有人作为"枪手"专门通过微信发布招嫖信息引诱事主来到 KTV,随后再安排"妈咪"和"小姐"接待事主。在事主离开时,打手们便采用威胁、恐吓等方式索要高额嫖资、包间费、酒水费、介绍费等。如果事主不给钱,这帮人就会大打出手。钱到手后,团伙成员会根据分工不同领取到数目不等的"酬金"。随后,民警在 KTV 抓获 11 名涉案人员。据这些人交代,他们都是同乡或朋友关系,没有正当职业。涉案经理称,他在北京多年一直没找到正经工作,生活日渐拮据。有一次和朋友聊天时,他想起曾在新闻上看到通过招嫖吸引嫖客到KTV内进行消费,索要高额费用的作案手法,觉得可以试试,便同朋友和亲戚商量以此挣钱。几人便在一家KTV内租下了包间开始经营起来。该经理称,因为事主是为嫖娼而来,被敲诈后,大多数人为息事宁人,都会选择交钱了事。短短7天,该团伙先后敲诈多名事主现金共计8280元。

- 男子遭色诱开房被敲诈5000元。

小陈、小琳(女)、小琴(女)、小张均是20岁左右的无业人员,他们终日在家中上网,幻想一夜暴富,又不想付出劳动。2016年7月,4人商量分工合作,色诱男子敲诈钱财。7月8日晚,小琳通过微信"摇一摇",结识了35岁的孙某,并将其确定为敲诈目标。通过露骨、暧昧的聊天内容,小琳很快骗取了孙某的好感和信任,两人相约去宾馆开房。小琳进入宾馆房间后半小时,小琴冒充服务员以要重新刷房卡为由使得房门打开,小张冒充小琳的未婚夫,小陈冒充小张的哥哥,闯入小琳与孙某所在的房间,不断质问孙某与小琳独自在宾馆的原因,同时以要报警以及通知孙某妻子相要挟,逼迫孙某交出5000元现金。事后,孙某感觉被敲诈,遂向警方报案,4人随即落网。

防骗指南

此类诈骗利用人们猎艳心切、寂寞难耐的心理,层层深入。关键是从根本上拒绝性交易才能不给骗子可乘之机。

七、微信点赞骗局

微信点赞诈骗是指诈骗者在朋友圈发布"点赞""集赞"信息,声称集满一定数量免费送高档物品，而买家只需要支付邮费，事后却发送残次品并通过快递收取货品费用，或者以"点赞"的名义诱导大众下载含有木马病毒的 APP，导致受骗人手机中毒，从而不露声色地转走受骗人的银行卡余额。

诈骗案例

- 赵小姐参与"集赞抽大奖"损失 22 元钱。

赵小姐在微信朋友圈看到，点 36 个赞就能参加 iPad 平板电脑抽奖。只要集齐 36 个赞，就可以抽大奖，这太诱惑了。赵小姐呼朋唤友，很快集齐了赞。"当时我就想碰碰运气，并没有觉得这有什么异常。"过了几天，赵小姐收到了商家的微信，说她中奖了，但要求赵小姐打 22 元钱到对方的支付宝账号支付快递费。要寄奖品首先要汇款，赵小姐琢磨着可能是个老套的骗局，起先没理会，但又一想，邮费才 22 元，如果是骗子的话，也骗得太少了吧？犹豫了半天，赵小姐还是给对方打了钱过去，结果对方再无回应。

- 张女士参加"萌宝大赛"投票活动却反被威胁交 3 万元。

2016 年年初，哈尔滨张女士参加了微信里一个名为"萌宝大赛"的投票活动。按照活动要求，张女士上传了孩子的照片，填写了个人信息后便开始在朋友圈拉票。就在她喜滋滋地憧憬着获得万元大奖的时候，一个陌生电话却让她陷入了恐惧之中。电话里，一个自称有黑社会背景的男子恐吓张女士拿出 3 万元钱平事，否则就对她儿子下手。该男子不仅能准确地说出张女士的工作单位、家庭信息，连她儿子的长相都描述得一清二楚。惊恐万分的张女士立即报警，后在公安机关的帮助下避免了财产损失。

一些商家或不法分子常以高额奖励为诱饵，开展一些虚假的比赛并从中牟利。通过比赛所拉来的投票可以套取几千名甚至十几万名家长和孩子的个人信息，这些信息再被以不同价格卖给不法分子，他们会制造出"孩子重病""孩子被绑架"等诈骗信息，实施犯罪。

• 小张参加点赞送礼收到假货损失 49 元。

在连云港一家企业上班的小张在微信朋友圈看见朋友分享的"转发朋友圈获得 68 位好友点赞，就能免费结缘价值 499 元的小叶紫檀手串"。免费获得价值不菲的名贵手串，小张很是心动，没多想就添加了对方的微信号，按照对方要求转发朋友圈并获得了 68 位好友的点赞，然后截屏给对方。"微商让我把姓名、电话、地址发过去，声称当天就发货。"小张说，当时他还怀疑活动的真实性，但等了很久也没有收到手串。

看似合情合理的名义直接骗取了货款，而货物其实非常廉价。另外，以活动名义发送的链接或软件通常植入了木马病毒，下载后手机中毒会导致财产流失。

参与朋友圈的"投票""点赞"等活动要注意以下几点。

（1）仔细辨别主办微信公众平台和赞助商，尤其对非本地平台举办的涉及本地的投票活动要十分谨慎。

（2）填写个人信息要警惕，不要涉及银行卡号、账号等信息。要尽量避免填写详尽的资料。

（3）对来源未知、以活动名义发送的链接或软件要谨慎下载，小心被植入木马程序导致账号丢失。

（4）不贪图小便宜，安心过日子。

（5）不要轻易相信朋友圈中所谓的免费赠送品牌礼品的信息，最好不要转发。

（6）对于来路不明的包裹应直接拒签，拒签之后的运费就会由寄件人承担。

八、微信二维码

微信二维码诈骗有两种，第一种是诈骗者以商品为诱饵，声称给顾客返利或者降价，再发送商品二维码，实际上发送的是木马病毒。一旦安装，木马就会盗取顾客账号、密码等个人隐私信息。第二种是诈骗者利用微店经营者收款心切的心态，诱导店家将"付款二维码"当作"收款二维码"发给对方，从而进行资金的转移。

诈骗案例

- 王女士扫描好友二维码，微信钱包 4000 元被转走。

王女士 QQ 上的好友让她加一下她的微信，加上微信后，朋友给她发来一个二维码，说是扫描二维码帮忙刷一下淘宝店的信誉，还能得到 10% 的佣金。王女士按朋友提示的步骤操作后发现微信钱包里的 4000 多元已经被转走。

- 刘先生扫描二维码支持创业活动，第二天网银账户金额全部被转走。

刘先生下班时碰见有人举着手中的二维码请他扫描，说是初创企业做活动。当刘先生进行扫描后，第二天上午，发现手机莫名其妙收到了一个短信验证码，而其网银账户则在随后被转走所有的余额。

- 发二维码等待收款，小张被骗 1497 元。

小张平时在微信上销售一些养生产品。2016 年 7 月 17 日，一位微信名为"快乐女生"的网友要求加小张为好友，称要购买养生产品。小张见有生意上门，便将对方加为好友。

简单聊了几分钟后，对方表示愿意以 156 元的价格购买两盒产品。

随后，小张将自己的收款二维码发给对方。哪知，对方却说小张发来的二维码无法付款，并要求小张按她的方法重新发送二维码。

在对方的指引下，她将自己微信钱包的"付款二维码"发送给对方。对方以"网络超时未收到图片"为由，让小张又发送了两次"付款二维码"。不一会儿。小张就收到了银行的短信，他本以为会是货款到账的信息，哪知竟是消费提醒。这时，他才发现自己的账户被连续消费了3次。此时，小张用微信再次联系该网友时，对方已将他删除。但钱是如何被网友转走的，小张则一头雾水。

防骗指南

现在很多商家利用扫二维码做活动，但是很多人利用这一点在二维码中加入木马病毒。面对扫描二维码打折优惠促销等活动信息，要小心识别，谨慎扫描，不贪小便宜。

在付款二维码类诈骗中，经营者一定要区分好"收款码"和"付款码"。收款二维码是对方向自己付款，由自己输入金额后，向对方收款；付款二维码是自己向对方付款，对方只需快速扫描二维码，输入支付金额即可完成交易，该二维码具有时效性且一次有效，在每笔金额小于500元的情况下，无须验证支付密码。因此，付款二维码与银行卡的验证码同样重要，不可随便轻易发送给别人。

九、微信朋友圈售假

微信朋友圈售假诈骗是指个人卖家在微信朋友圈发布各类物品信息，这些商品通常比实体店价格优惠很多，以此来吸引消费者进行购买。然而实际上卖出的却是质量残次的假货。由于消费者与微信商家的交易不经过第三方平台,购物质量没有第三方的监督,一旦收到假货无法保障自己的权益。

诈骗案例

- 李女士微信代购球鞋,花费2700元却买到假货。

李女士一直想入手一双某品牌限量版球鞋,但是走遍了当地所有的专卖店都被告知无货。目前,该款标价1000多元的球鞋在国内的市场价已经达到了四五千元,而且还很难买到。曾有过三四年代购经历的李女士联系了一个此前曾合作过的国际代购,对方给她推荐了一个在俄罗斯的"学妹"。

李女士加了对方微信好友后,看到对方朋友圈里发布的各种俄罗斯代购信息,并且还有很多人购物后的反馈,这给了她对方很踏实的感觉。在聊天中,对方称自己身在俄罗斯,手里还有几双李女士想购买的球鞋。李女士付款后,她会将篮球鞋先寄往杭州,由朋友给李女士发货。这名代购称,她每双球鞋只会赚取100元左右的辛苦钱。2016年3月23日,李女士通过微信向对方转了2720元人民币,购买两双不同款的球鞋。为了表示感谢,李女士还额外给代购发了一个5元的红包。

2016年4月17日,李女士收到了杭州发来的快递。当她激动地拆开包裹后才发现,该款球鞋被装在一个不明品牌的手提袋中,鞋盒上都是简体中文而非俄文。随快递寄来的购物小票显示,购物地址为香港,价格仅为800元。而且鞋子的质量很差,明显属于假冒伪劣产品。经懂行的人士鉴定,该鞋确为假冒产品。

李女士立即通过微信联系代购,指责对方发来假冒球鞋,对方称很可能是发错了货。但当李女士提出退款后发现,对方已经将她拉入黑名单,根本无法再联系上对方。李女士只能自认倒霉。

第一章　社交网络诈骗

- 王女士微信购买化妆水，收到的却是假货。

王女士在微信上认识了一个推广化妆品的网友，价格很便宜。两人加好友后，王女士称担心化妆品质量。对方给她发来几张其他购物者反馈的微信截图，还在朋友圈晒出和孩子在一起的照片，打消了王女士的疑惑。王女士微信转账购买了一款粉水。收到快递之后，王女士就感到又受骗了，粉水的味道很奇怪，跟正规渠道买到的同款化妆品相比差别很明显。王女士给对方发微信称化妆品是假货，还没来得及要求退货，对方就将她拉黑了。

由于被骗金额较少，王女士感觉投诉不会收到回复，报警也难以获得解决，她使用自己的微博账号搭建了一个曝光平台，向网友征集各种在微信和微商中受骗的经过，同时公开疑似诈骗的微信和微商号码。

- 李女士在朋友圈买到假货，与老板沟通被直接拉黑。

李女士很喜欢买包，而她的朋友圈中也时常有人在推荐各种品牌的时装包。上个月她在"朋发圈"朋友的推荐下买了一款不到市场价一半的"COACH"品牌手拎包，结果没用一个月包的表面就出现裂纹。在上海出差期间，李女士带着"受伤"的包包找到了品牌专柜，经鉴定这是款赝品，这让她十分为难。

"朋友圈是做熟人生意，万一出现一些质量问题或者价格纠纷，碍于情面而不去追究商品质量问题，一旦这样形成气候，后果会怎样呢？"李女士将信息发送给了卖包的朋友，随即被拉黑。

防骗指南

私人卖家在微信朋友圈直接吆喝着售货，购物时不通过第三方支付平台等中间环节，而是通过网银直接支付，这样的支付方式风险很大。此外，由于没有营业执照等相关证照，卖家收款后是否发货、货品售后服务如何，完全依赖于卖家的诚信度，这些因素都增加了消费风险和维权的困难。

在此提醒消费者注意以下情况。

（1）不要因为熟人关系而盲目信任微信卖家。

（2）在添加陌生商家为微信好友时，有必要对卖家真实身份与货品来源等做细致了解，充分确认卖家基本信息后再付钱消费。

（3）微信购物不宜选择贵重物品。

（4）在购买商品时应注意保留聊天记录、网银支付记录、银行汇款单、卖家姓名、身份证号等作为凭证，尽可能地降低购物风险。

十、微信朋友圈投票

微信"朋友圈"拉投票诈骗，是不法分子通过许以丰厚的礼品为诱饵，吸引大家参与报名。这种诈骗通常有三种方式：第一种是刷票骗取钱财——在刷票环节收取费用争第一；第二种是以投票名义诱导下载带有木马病毒的手机软件，一旦参与投票的人下载了这个软件，手机就被诈骗分子完全操控，绑定该手机的银行卡账户余额将被转移一空；第三种以"投票"名义收集个人信息——这类以"比谁萌"或"拼颜值"为噱头的投票往往要求投票者先关注账号或绑定手机，并让报名者提供家庭真实信息。一旦骗子掌握到用户重要的个人信息，他们就会设计各种圈套行骗。

诈骗案例

- 白华女士给孩子刷票却被骗6000元。

最近，白华女士的朋友圈被一条"宝贝第二期十万大奖萌宝宝大赛开始报名啦"的文章刷屏，只要关注公众号，发宝宝照片参与投票，就有机会获得一等奖，奖品可谓相当丰厚。她关注公众号报名参加后，不但不交纳费用，还真的领到100元红包。她信以为真，于是发动身边的朋友一起来投票。

然而，过了几天，她发现宝宝跟上一名始终差一票，客服告诉她是因为有人在刷票。为了让宝宝排名靠前，她用客服介绍的刷票人代刷了2000票，一元一张票。刷票后宝宝的名次上升，第二天却再次下滑。这时，刷票方主动联系，提出再刷一次，有希望拿到一等奖。经煽动后，她又掏4000元。

两天后，宝宝的排名再次下滑，她准备直接刷6000元的票。其丈夫陈先生知道后及时制止。陈先生怀疑这比赛是骗局，联系客服要求退款，却被拉黑。

十一、微信、微商诈骗

微信、微商诈骗是指针对微商经营者，通过技术手段修改系统信息，误导店家进行的诈骗。

诈骗案例

- 王先生做微商卖东西，收款金额瞬间变成一分钱。

今年32岁的王先生在中韩边贸城经营一家海产品专卖店。随着微信APP的推广，王先生利用"微信商城"开设了自己的海产品专卖店，销售业绩还算不错。可最近，突如其来的大量订单带给王先生的不是喜悦而是恐惧。因为这些订单的到账金额都是1分钱、2分钱。

发现苗头不对的王先生果断将已发出的货物追回，并拨打了报警电话。接到报案后，崂山边防派出所民警立即展开调查，掌握了嫌疑人实施诈骗的方法。

原来，用户在微信电商下订单购买商品之后，有两种支付方式，一种是余额支付，另一种是微信支付。余额支付需要通过第三方平台进行，用户在购买商品时，需要先将钱打入第三方平台，购买商品后，钱再从第三方平台转入卖家账户，但是嫌疑人利用系统漏洞，先向第三方平台打入1分钱，然后通过软件修改中间数据，将实际充值金额数扩大1万倍甚至2万倍，再用篡改后的账户余额大量购买商品，而卖家实际所得仍为1分钱。卖家如果未能及时发现，可能造成几十万元甚至上百万元的损失。

- 微商李某卖保健品，被微信好友骗5200元。

微商李某做保健品代理，2015年春节前，其微信好友王某在微信上告诉李某，王某的公司年终时要给员工发放福利，需要购买李某代理的保健品作为福利，并告诉李某想要做好这笔生意需给公司的会计好处，随后把会计的微信号告诉了李某。李某用微信红包，每一个红包200元，共发25个红包给王某公司的会计。

"会计"收取红包后告诉李某，如果支付货款还需要本公司财务主管签字，又将财务主管的微信号告诉了李某，李某又给这名"财务主管"发了一个200元的红包。签过字后，李某告诉"会计"可以支付货款了，结果对方将李某拉黑。李某让王某支付货款，王某称网络出现了故障，随后也将李某拉黑。李某感觉自己被骗，于是向公安机关报案。

原来，王某是一名无业青年，"会计""财务主管"均是王某一人来担当，其用多个微信号与李某聊天，将骗来的5200元全部用来购买彩票。

随着网络的发展，近年来微商越来越盛行，但做微商一定要懂得维护自己的权益，需小心网络诈骗行为。

第一章 社交网络诈骗

防骗指南

微商购物要在正规的第三方平台上进行，不要进行私下转账。遇到网上订单时，请仔细核对账户实际余额和公司平台余额是否一致，如果不一致请谨慎交易，以免造成财产损失。同时，大家对网络链接都应提高警惕，在网络交易中涉及的重要商业信息数据，一定要进行二次确认或截图保留证据，一旦发现被骗，及时报警。

十二、微信、微博爱心捐款

微信、微博爱心捐款诈骗是指利用大众的同情心理，制造爱心传递、爱心捐款等假消息或者篡改真实爱心传递收款账号，非法获取大众的捐款。很多人自以为献了爱心，实际上却是落入了骗子的口袋。

诈骗案例

- 青年演员×小璐被骗1.7万元。

2016年3月26日，知名青年演员×小璐转发了一则"为一名患有神经母细胞瘤的宝宝筹款"的微博。一个名为"希望盼望宝贝康复"的微博账号晒出自己两岁孩子在医院的照片及诊断报告，并向网友求助道："我是一个两岁宝宝的妈妈，我的宝宝去年7月份的时候被诊断为神经母细胞瘤，唯一的希望就是去北京做移植治疗，但后期至少还需要几十万元的费用，希望大家帮帮我的宝宝。"同时也公布了自己的收款账号。

×小璐转发了该微博，并迅速将爱心善款约1.7万元打到了对方账号，称"希望宝宝快快好起来！"一个小时后，×小璐再次向该网友追问孩子的近况，称希望对方留下电话号码，方便大家了解患病儿童的恢复情况，但对方从此再无回应，不久后更删除了求助微博。随后，有网友留言指出原博中孩子患病是事实，但孩子父母却另有其人，该网友有诈骗之嫌。随后，孩子真正的母亲也发微博称建议×小璐等被骗的网友报警。在×小璐被诈捐后，4月5日，莆田网安支队民警通过网上巡查侦破涉案嫌疑人为郭某。连日来，通过成都警方、首都警方等多方配合，收集郭某充足的作案证据，并成功抓获诈捐嫌疑人郭某。据莆田网安支队介绍，诈捐涉案人员郭某现年29岁，自2011年开始，郭某就通过百度、天涯等诸多论坛和微博等社交媒体平台，以"疾病求助"名义进行诈捐。

- 帮助爱心传递却反被骗5元话费。

"爱心传递：有人捡到一张高考准考证，杨雷雷，考点在五中，请朋友们转发，让杨雷雷联系这个号码：153×××6909。快转起来吧！"高考前几天，这则爱心接力在朋友圈疯狂传开。不少考生和家长没有经过核实就转发到朋友圈。有市民拨打了联系电话，短短几秒钟就被收取5元话费。

- 微信朋友圈现"爱心骗局"，下载他人头像变身熟人骗捐款。

2016年8月21日，泉州公益爱心协会负责人苏先生在微信朋友圈等多处发布紧急声明，称有不法分子下载他的头像图片，假冒其本人，以公益活动的名义进行骗捐，并有数位爱心人士上当，提醒各位善友提高警惕。采访获悉，这名诈骗分子长期潜伏在微信公益群内，摸清多位爱心人士的情况后，假冒爱心协会负责人身份进行骗捐。

8月23日下午，爱心人士张先生向微信群群主王小姐询问是否收取协会金，王小姐很纳闷称没有，张先生说当天"苏会长"和他微信私聊，收取了他1000元协会金，后面微信联系"苏会长"却都没回应。张先生发来了与"苏会长"的聊天记录，王小姐细看之下发现，

第一章 社交网络诈骗

此会长非彼会长,是有人假冒了会长的微信头像与爱心人士私聊骗取钱款。王小姐立刻与苏先生联系,证实收取协会金是不法分子所为。

事后,这名骗子估计已知道骗局败露,拒绝了所有人的申请,并将群里人员都列入了黑名单。搜寻记录,众人这才发现这名骗子已经潜伏在微信群中很长时间,从来不发言,还经常抢红包。意识到事态严重,王小姐当天下午便以协会的名义向协会会址所在的南安公安机关报警。

• 诈骗邯郸涉县村民,"假慈善总会"被封号。

2016年8月6日中午12点,在天津打工的李某急匆匆赶回涉县,原本预产期还有半个月的妻子因为"胎心不稳",医生建议马上剖腹产。在县里的一家医院,刚刚出生的新生男婴被初步诊断为肺功能不全,病情危重,医生建议马上转至邯郸市中心医院救治。由于妻子刚刚做完手术行动不便,李某便抱着孩子于8月6日晚8点赶到邯郸市中心医院。医生给新生男婴做完检查后告诉李某,孩子特别危险,治疗需要高额的费用,单是一种药品动辄就上万元。

李某家在涉县西达村,是这次洪灾的重灾区。平时父母都以种地为生,李某在天津打工补贴家用,经济本来就挺困难,7月19日,一场洪灾更是把家里所有的东西都冲毁了,父母暂时住在政府提供的帐篷里,洪灾第二天,他从天津赶到家里,把屋里的淤泥都清理了,然后又赶回天津上班。没想到,刚出生的孩子又得了这么重的病。

就在李某发愁孩子的医药费时,他突然想起自己微信里加的一个网名叫"德行天下"的志愿者。他是抗洪救灾期间李某在网上认识的。在微信里,自称"妻子也是涉县人"的"德行天下"告诉李某,自己名叫李威,他还向李某推荐了一个微信公众号,称这是"中华慈善总会",可以帮助发起全国性公益募捐。

李某加了微信号后,果然微信名显示是"中华慈善总会"。一名网名为"管理员"的人员接待了李某,李某通过微信聊天,将自己的情况告诉了"管理员",对方很快建立了一个"李某之子爱心救助群",并将李某的情况制作成一条信息,标题是"求求各位好心人救救我的孩子,求扩散求转发",后面还有一个支付二维码。一切都进行得非常顺利,很多亲朋好友得知李某的情况后,纷纷通过支付二维码进行捐款救助。

然而,李某很快就发现事情有些不对劲,因为他注意到捐款账号并不是他提供给"管理员"的自己的银行卡号,而他向"管理员"要钱给孩子交医药费的时候,对方推托说3天之后打给李某。7日晚,李某通过微信再次催要钱款,对方不再回复。直到次日早晨,李某在微信上发现对方已经把自己"拉黑"了。

意识到上当受骗后,李某立即向邯郸县公安局报了案。公安局的网警查实后告诉他,这个所谓的"中华慈善总会"微信公众号是假冒的。"好心人给我捐的钱都不知道上哪儿去了!"李某欲哭无泪。

- "百万慈善"微信群诈骗猖狂。

"国务院成立了扶贫慈善项目,我们建立微信群用来发放国务院的善款补贴。只要提供个人信息入会,成为会员待人数达到一定规模后,就能获得200万~500万元的善款。"

以上信息来自一个名为"百万慈善"的微信群。看到这样的信息,一般人都会很心动,但是这是骗子利用"慈善"之名精心设下的圈套。如果人们提交了个人信息,不仅不会领到善款,还有可能损失钱财。

经查,有人在网上打着"百万慈善"的名义,利用人们的善心和急于求助的迫切之情,钻法律的空子,披着"慈善"的外衣进行诈骗活动。这类新型线下转线上的诈骗行为属于"返利+传销+诈骗"的混合形态,因不受地域限制,扩散速度,涉及人数众多,波及面大,严重危害社会秩序和人民群众财产安全。

骗子一般会冒充有钱人,比如有政府背景的大人物、皇族后裔、企业家等，以搞慈善捐助或者解冻皇室遗产为名头建立微信群，承诺无准入门槛且有高额返利来招募成员，通过群成员向熟人、老乡、朋友介绍等类似传销的方式拉拢队伍，聚集人气，大量收集群成员的身份证、银行卡等个人信息。同时，为保证诈骗的顺利进行，骗子还会伪造政府公文、身份信息、设立虚假项目骗取成员的信任，或者利用"爱国""民族大业"等情怀给群成员洗脑，让进群的人对其深信不疑。

前面的事情铺垫好后，骗子就露出了真面目，开始编织各种名目收取群成员钱财进行诈骗，比如"存于海外的资产需要解冻，解冻费交得越多的成员，解冻后得到的善款数额也就越大"，或者"交纳会员费，交的费用越多，会员等级越高，分得的善款也就越多"等。

相比于传统诈骗，这类"慈善"诈骗有着涉众范围广、持续时间长、总金额大的特点，类似传销，收费项目名目众多，只有少数上层能够获利。但和传销不同的是，这类犯罪不再以销售产品为依托，多以"免费"为噱头，对公众的吸引力更大，潜在危害更深。

"慈善"诈骗利用网络实现网络串联跨区域作案，并且单人受骗金额小达不到立案标准、受骗人投多个项目到不同诈骗平台、犯罪分子组织层级多、资金转移渠道复杂多样、定罪定性模糊的情况，都给打击"慈善"诈骗增加了难度。

防骗指南

该类案件十分常见，大部分人只想到爱心，于是随手就转发，却不考虑信息是否真实有效。许多人觉得自己只是转发而已，真遇上有需要的人，自然会核实。实际"爱心传递"的号码多为吸金电话。

遇到"爱心传递"时，提醒广大爱心人士。

（1）在捐款时请先核对捐款账户，与相关人员取得联系并核实后再进行捐款，以免大家的爱心被犯罪分子利用，给自己和他人造成不必要的损失。

（2）遇到"××爱心协会会长、干部"类似的好友申请，不要轻易相信，务必先核实再捐款。

（3）不确定的爱心信息不要随手转发，谨防更多爱心人士上当受骗。

另外，对于急需慈善救助的人员，要学会识别假的慈善救助组织或微信群，防止被骗子利用，要注意以下几点。

（1）一定要登录政府部门网站核实慈善机构身份。

（2）登录慈善机构的官方网站、微信平台，核实该机构所开展的项目和活动，工作人员姓名、职务。

（3）核对银行账户是否为正规慈善机构的账户。如果以某慈善机构名义募捐，却用公司或个人银行账户收款，明显是有问题的。

（4）通过支付宝、微信等方式捐赠也要从正规渠道进入，并注意核实账户名是否为正规机构。

十三、盗用QQ号码

盗用QQ号码诈骗是犯罪分子通过盗取他人QQ账号，对QQ主人近一段时间聊天进行监控，根据监控得到的信息再冒充家人、朋友、同事，以急需用钱、项目打款等作为借口进行诈骗。

诈骗案例

- QQ被盗，小琳的弟弟被骗5000元。

小琳看到弟弟给她发了个莫名其妙的消息，然后给弟弟打电话过去，问他发的什么东西啊，看不懂。弟弟说："你不是叫我给你朋友转账吗？要 8500 元。"小琳一听就知道是骗子了，骗子盗用了小琳的号码。弟弟本来就没有钱，卡里只有 1000 元，小琳弟弟以为那个人是小琳，想都没想就把钱转了过去。可是这个骗子并没有就这样结束，要完 1000 元还说不够，还给小琳弟弟发了个查询余额的视频截图，小琳弟弟就更相信他了，骗子说你能不能再去借点，这点钱不够，然后弟弟又跑去跟同事借了 4000 元打过去。

• 财务小宋接到"老板"打款通知，被骗 90 多万元。

2015 年 1 月，珠海一家公司的财务小宋在上班时接到老板在 QQ 上的通知，要求将一笔 90 多万元的货款转到一个指定的账号上。小宋一看是老板亲自在线指示，一分钟都不敢怠慢，马上着手办理转账事宜。转账后，小宋与老板打电话核实，才知道老板根本没有下过这样的通知，事后才知道是骗子盗取了老板的 QQ 号并冒充老板进行转账操作。

• 公司领导 QQ 号被盗后，公司被骗 3500 万元。

诈骗团伙专门利用 QQ 在网上实施诈骗，先盗取事主的 QQ 号和密码，但不急于马上实施诈骗，而是在后台长期监控事主跟别人的聊天。"从中获取你的联系人信息，掌握你的聊天语言、习惯等。"办案民警说，"他们盗取了某公司财务李某的 QQ 号以后，发现其联系人中有公司高层，并了解到公司刚好有一个项目要进行投资。"

监控了一段时间后，诈骗团伙重新注册了一个 QQ 号，盗用了公司高层的头像和 QQ 名称，然后再重新加李某为好友，声称 QQ 号被盗了，开始冒充公司的高层与李某聊天。头像和名字跟老总一模一样，只是 QQ 号不一样，一般人看不出来。

案发当天，李某刚好在中国香港，通信不方便。该团伙便用"公司高层"的 QQ 号要求李某立刻打一笔投标的保证金过来。

"要得很急，要求在一个小时之内打过来，过后再补办手续。"办案民警介绍。李某见是公司领导，深信不疑，马上打电话按照要求把3500万元转到嫌疑人提供的账户上。

转账之后，过了一天，李某回到公司上班，碰见领导一问，才知道被骗。此时，离案发已经过去了24个小时。

- 先偷录视频再盗QQ号骗钱。

2017年8月初，李小姐接到远在河南的表妹王某的电话。表妹让其确认还债的钱对方收到了没有。李小姐不知所云。表妹解释说："你不是在QQ上说遇到急事走不开，要我帮你付3000元钱给夏某吗？"李小姐很诧异，自己正在工作，没有上网。被骗的表妹却告诉她："不可能啊！我们是通过视频聊天的，我在视频里清清楚楚看到了你，你当时在家里。不过你说没有麦克风，不能通话，只能打字聊天。"

李小姐回忆说，8月初的一个晚上，一名网友添加她为好友，对方要求开始视频聊天。两人聊了几分钟后，对方关了视频，哪知对方早已偷录下她的视频画面。不久，骗子盗用了她的QQ号，向多名QQ好友发信息称："我现在急着还朋友3000元钱，卡上没有这么多现金，你先帮我还，过两天一定还你。"为了博取好友信任，骗子还播放了之前偷录的李小姐的视频。看到视频那头"活生生"的李小姐，李小姐的表妹才按照骗子提供的账户汇去了3000元。

李小姐的表妹王某在知道自己被骗后立即报警。目前，警方抓获网络诈骗嫌疑人张某和吕某，经审讯，两人对盗窃李小姐QQ号进行网络诈骗的事实供认不讳。

- 骗子冒充子女，要哈佛大学培训费。

2016年10月10日，周某伙同他人通过盗号软件，得到了孙女士在外地读书的小孩的QQ账号，然后冒充小孩称自己报了美国哈佛大学在国内组织的一个培训班，不过要交上万元的学费，还发来培训班老师的电话。孙女士打电话过去后听说名额很少，觉得机会非常难得，于是很快就将钱汇了过去。就这样，周某等人诈骗了孙女士 2.26 万元，在将 10% 左右的手续费分给负责取款的人后，剩余赃款与他人平分。

防骗指南

QQ 盗号诈骗的源头来自 QQ 号码被盗，首先应从源头切断 QQ 号被盗风险，需要牢记以下几点。

（1）禁止陌生人查看自己的资料和空间。这样骗子就不能获取我们的好友信息和个人资料。

（2）可以为一些朋友设置权限，既不影响互相之间的交流，又安全。

（3）在接收或下载群文件或邮件时，要分辨真伪，小心木马、病毒等，不打开不知道或不认识的群文件或邮件。

（4）在访问一些网站或论坛时，有的可以直接用 QQ 号登录，要自己先调查一下，然后再作决定，以免造成 QQ 号泄露。

（5）尽量避免在网吧等公共场所使用网上电子商务服务。

如果 QQ 号已经被盗，如何避免上当受骗？以下几点需牢记。

（1）好友谈钱需高度警惕。

（2）电话接通本人进行确认。

（3）不要着急汇钱，多聊一会儿。

十四、网游交易诈骗

网游交易诈骗是指游戏玩家在游戏装备交易、游戏账号交易、游戏币交易、游戏金币交易、点卡、游戏点券交易、游戏元宝交易、各类激活码交易、游戏材料交易等互联网游戏交易过程中，被卖家以激活费、验证费、交纳保证金、大额退款保证金等多种名目、借口骗取钱财，卖家却始终不发货。

诈骗案例

- 张某在QQ上购买游戏点券被骗24550元。

2015年7月20日，河南省安阳市汤阴县的张某到该县公安局报案，称其在玩某网络游戏时，被以低价推销游戏点券为名的网友诈骗24550元。原来，7月18日，张某在玩网游时，添加了一名叫"游戏点券专卖店"的QQ网友，该人许诺只需50元就能购买到6万元游戏点券。急于游戏升级的张某信以为真，通过QQ红包给对方转账50元，但随后，对方又以激活费、验证费、交纳保证金、大额退款保证金等多种名目，在3天时间里，先后诱骗张某通过QQ向其转账12次，共计24550元，最终张某觉察到上当受骗后选择了报警。

- 13岁少年小乐玩网游被骗8万元。

小乐是××火线初级玩家，妈妈的手机就是他的"游戏机"。2015年2月，他在兴趣部落上看到了"买钻刷装备、升级"的帖子，他选了一家好评较高的店加上卖家的QQ聊了起来。

卖家的QQ昵称是"三年老店接单中"，签名是"办理××火线、××战机、××跑酷钻石"。加上QQ后卖家很快就有了回应，让小乐花50元买Q币充值到指定的QQ号中。接着，卖家说需要支付100元的验证费。又说账户解锁失败，让他继续汇款，不然银行账户、QQ号码、游戏账号都会被冻结。3月12日，小乐通过妈妈的支付宝账户向卖家账户汇款1100元。3月19日，卖家再次通知他验证失败，需要支付26400元的验证费，这些钱都在游戏终端里，验证成功后会和之前的所有钱自动返回到银行账户中。卖家的胃口越来越大，3月26日，称需要给终端管理员解封费3万元作担保，所有的钱才能回来。

小乐很听话地按照卖家说的做，从3月份到7月份，往4个支付

第一章 社交网络诈骗

宝汇款，向不同的 QQ 号里充 Q 币，共计十几次被骗了 8 万多元，按照卖家指示每次汇完钱后都会删除交易记录。他担心被妈妈发现银行卡里的钱少了，也怕自己的游戏账号要不回来。

7 月下旬，小乐的妈妈发现手机上总是跳出 QQ 信息，感觉很讨厌，让小乐的姐姐帮忙卸载。姐姐好奇地打开发现是弟弟小乐的 QQ，查看聊天记录后母女俩傻眼了。"全是汇款、打钱之类的对话，妈妈第二天去银行发现少了 8 万多元，调取了交易记录，发现从 3 月份到 7 月 21 日都有游戏类的消费。"小乐的姐姐说。在家人的质问下，小乐终于交代了实情。

7 月 28 日，小乐在家人的陪同下在派出所报了案。民警判断这是一起典型的以刷游戏装备为由的诈骗案。

防骗指南

游戏玩家为了提升游戏角色等级和属性，通常都会购买游戏点卡来进行快速升级。于是一些不法分子便以低价出售游戏点卡为名，诱骗玩家消费，使玩家上当。对于此类诈骗，以下几点需牢记。

（1）避免线下交易，找正规第三方网购平台进行交易。

（2）凡是需要交各种保证金的要留心，基本都是骗子。

（3）不要轻易相信比市场价格低的广告。

十五、直播间诈骗

直播间诈骗是指以直播间为媒介，进行网络兼职诈骗、投资理财诈骗、情感诈骗，利用明星新闻借势诈骗等。直播间主播可能是受骗者也可能是行骗人。

（1）直播间主播被诈骗的主要方式。

犯罪嫌疑人大多是通过各大网络直播平台寻觅诈骗对象，先以线上送礼物等形式获得主播的关注，再进一步取得主播的信任，交换双方联系信息，最后通过线上线下的互动再实施进一步诈骗。

（2）直播间粉丝被诈骗的主要方式。

主播在播放节目过程中植入各类兼职广告，吸引粉丝加入兼职。待粉丝进入兼职群以后，诱导粉丝支付押金、校对金、会费、软件刷单金、挂单金等名目的费用。由于粉丝对主播有一定程度的信任，因此会一步步落入圈套。

诈骗案例

- 众多粉丝被某假明星直播间骗取礼物。

2016年8月，某明星发布离婚声明之后，无良平台某TV立即开启一间虚假直播间，房间名为：王宝强直播间。

某TV平台自有用户量级直播间立即出现大量粉丝出来刷礼物，而该直播间自始至终处于一种"视频加载状态"，但依然有大量粉丝刷礼物。殊不知这仅仅是一场骗局，某明星本人根本没来直播间。

- 主播被粉丝忽悠投资，被骗13.8万元。

18岁的小明是一个知名直播平台的主播，拥有50万粉丝，后一自称是其"粉丝"的人通过网络给其赠送许多礼物，并宣称可以带小明一起投资赚钱。于是小明先后给嫌疑人转账5000元、1万元，均收到了高额收益，小明放松了警惕，又向对方转账10万元，对方却一直以各种理由推脱，最终对方将小明拉黑，小明累计损失13.8万元。

- 胥某使用直播平台上课被骗127500元。

2017年1月，无锡的胥某在"某Y语音"网络直播平台观看销售课程直播过程中，被犯罪嫌疑人以收取听课费、书本费、会员费、代理费为由，通过微信支付、转账的方式骗去127500元。

• 单身男主播骗走女粉丝11万元。

沈阳一名网络男主播自称单身，一名女粉丝对他产生好感。双方随即展开了网恋，男主播也向女粉丝表白："我会娶你的。"女粉丝以为自己坠入爱河，在短短5个月里，给男主播汇款、送礼物花掉了11万余元。岂料，该男主播竟是已婚人士。

• 大学生小张轻信直播间兼职广告遇骗局无处维权。

石家庄的小张大学毕业不久，一时还没找到合适的工作。找工作期间，她迷上了某Y直播上一个"网红"慕小蕾的主播。小张从去年就关注慕小蕾，2015年看得格外多，她每天下午2点到5点直播，是那种玩唱的风格，又唱歌又逗乐，挺好玩的，她有好几万的粉丝，每次直播都能聚三五万人。小张称自己挺信任她的，可是却被她骗了。

小张说，最近慕小蕾直播时经常会出现网络兼职的广告，大意是"网络兼职日赚50元、200元，工资日结"，因还没有找到正式的工作，小张觉得做网络兼职也不错。8月3日，她按广告中的号码加了好友A。A告诉她，可做的兼职非常多，包括淘宝刷单、代练游戏、兼职打字校对等，每天赚100元不成问题。小张说她比较愿意做兼职的打字校对，A说她先交一部分押金就可以做了，押金可以退，押金有99元、199元、399元、599元等不同档次，可以接不同的兼职，小张选择了199元的押金，A发来一个二维码，小张扫码付了款。付款后，A才告诉她，199元押金不包括打字校对。这让小张非常生气。A说，再补200元的会费就可以了，小张只好又交了200元的会费。两次付款后，A让她加了另一个号，说可以做兼职了。

小张按要求加了另一个账号，这个账号的主人B告诉她，需要交400元的软件押金和200元的刷单押金，两天可退。小张说自己没有那么多钱了，只交了400元软件押金，就被B拉到了另一个微商频道进行微商培训，又交了30元的微商培训费。所谓的培训就是教她怎么绑定银行卡注册账号,然后,她就被拉到了一个"接单群"里让"接单",负责人C告诉她,接一个单子需要先垫付50元,做5个单子可返还。小张接了一个单,交给了C 50元。然后就觉得很不对劲,怎么不停地让交钱?就这一天,1000多元的生活费已经花完了,再让交钱她也没有了。

小张表示自己不做兼职了,要求对方按原来的许诺退款,结果很快就被踢出了群。1000多元就这样打了水漂,小张私信慕小蕾说明自己的遭遇,告诉慕小蕾广告是骗人的,把广告撤了吧,慕小蕾没有回应。她又要求退钱,慕小蕾说,广告的事归"子晨"(慕小蕾的助理)管,让她找子晨,子晨则告诉她可以继续做兼职,退钱的事管不了。

• 全职妈妈小倩轻信网络兼职,搭进1800多元奶粉钱,只挣了5元钱。

全职妈妈小倩的遭遇和小张类似,也是因为看慕小蕾直播时看到了网络兼职的广告,出于对慕小蕾的信任加了兼职账号,然后就是不停地交钱、交钱。

小倩说,8月5日下午,她看慕小蕾直播时加了兼职的账号,主要是觉得主播推荐的肯定没问题。加号后,对方告诉她先交会费,挂游戏可返还,普通会员99元,挂满400个小时返还;高级会员199元,挂满200个小时返还;钻石会员399元,挂满80个小时返还;贵族会员599元,挂满40个小时返还。她当时想,贵族会员挂满40个小时也就是不超过4天钱就回来了,就交了599元。对方要走了她的账号、密码,说做个备份。

之后,她又被要求交了培训费240元、软件费220元。然后被要求YY挂机,说挂满12个小时,一小时5元钱,她挂了一整晚,第二天一共收到5元钱。她找对方询问,对方说她挂的是长单,长单就是这样的规矩。小倩才知道自己上当了,从加那个兼职的号开始,她陆续交了1800多元钱,却只挣到了5元钱。她要求对方按约定退还押金,对方说需要再等一个月。

她私信慕小蕾要求退钱,慕小蕾推给了子晨,子晨建议她做客服,小倩坚持要求退钱,子晨又说查不到她的入职信息,她应该是受骗了,然后,她就被踢出群了。

就在小倩求助无门时,一个同频道的游客主动加了她的 YY 号,询问她是不是想要退钱。这位游客说,退钱需要给 YY 平台的人交"公关费",如果小倩想要回自己的 1800 多元钱,先给他 800 元的"公关费",他可帮忙找人退款。小倩一听又是交钱立即拒绝,小倩很气愤,觉得自己掉进了骗子窝,遇到的全是骗子!

防骗指南

网络直播平台没有明确的监管部门。网络直播捧红了很多草根网红,拉近了网红与粉丝之间的距离,在年轻人中很受欢迎,但是作为一个迅速蹿红的产业,在监管与行业规范上都还是空白。

受害群体基本以涉世未深的年轻人为主。此类人员空闲时间较多,并且大多抱有利用网络直播平台快速赚钱的心理,但同时又缺乏网络安全防范意识,对常见网络诈骗手段缺乏鉴别能力,容易上当受骗。对待此类诈骗,需谨记以下几点。

(1) 不要轻易相信陌生人。

(2) 不接受陌生人的投资邀请。

(3) 凡是需要交各种费用的兼职,基本上都是骗局。

(4) 免费课程突然要交各种费用,一定是骗局。

(5) 涉及金钱要慎重。

十六、陌陌诈骗

在陌陌诈骗中,诈骗分子大多通过社交工具"陌陌"假装成美女,与附近的陌生男性攀谈，在聊天过程中使用暧昧语言、色情手段换取人情上的"帮助"；以提供情色交易或者为受骗人介绍理财产品等方式迁移到其他平台进行诈骗。

诈骗案例

- 许某被"陌陌女"骗走16600元。

2017年5月，许某入住韶关火车东站附近某酒店，因觉得一个人无聊，就打开手机上的"陌陌"，发现一个名叫"钟欣愉"的女子给他点了个"赞"，并看到其备注为"提供上门服务"。出于好奇，许某便与"钟欣愉"聊了起来。"钟欣愉"充满挑逗性的语言，很快让他热血沸腾。许某忍不住问"钟欣愉"如何"服务"，"钟欣愉"告诉他，"半套服务"300元，"全套服务"600元，要让她上门服务，必须先将钱打到她的账号上。许某选择了全套服务，随即通过支付宝给"钟欣愉"的账号转去600元。

许某等了一会儿，仍不见有美女上门，正在焦急时，"钟欣愉"打来电话，说按规矩，顾客须交5000元的"服装押金"，以防小姐的服装在服务时损坏。许某觉得有理，就按对方的要求又转了5000元到"钟欣愉"的账号上。半个小时候后，"钟欣愉"又打来电话说，还要交小姐的人身安全押金5000元。许某心想，一个女孩子出来安全是个问题，于是又转了5000元过去。刚刚转好账，"钟欣愉"再一次打来电话，说专门开车来，这辆车也要押金6000元。急切等待着"好事"发生的许某此时已经鬼迷心窍，当即又转了6000元过去。可是到了半夜怎么也不见人来，他赶紧打电话去催，结果"钟欣愉"的电话已经关机，陌陌也将他拉黑，这时许某才想到被人骗了。

防骗指南

犯罪分子一般通过通信、网络平台寻找"猎物",一旦选中"猎物"就通过聊天骗取对方信任,当条件成熟时先以蝇头小利引诱对方上钩,待对方完全放松警惕后实施诈骗,诈骗成功后销声匿迹。在此提醒广大群众。

(1) 通过社交工具与陌生人的交友聊天要慎之又慎。

(2) 不要轻易转账汇款。

(3) 不要相信高回报率的投资理财。

(4) 当陌生人提出一些要求时,要思考再三再决定是否接受。

十七、QQ赌博博彩

随着网络技术的发展,一种新型的赌博方式正在兴起——通过QQ诱导网络赌博。网络赌博比传统的赌博更便捷、轻松,鼠标轻轻一点,几万元就不见了,几分钟后,也可能换来几倍的回报,但更多时候是血本无归。从这个角度来讲,网络赌博比传统的赌博危害性更大,下面就让我们来揭穿网络赌博的潜规则。

诈骗案例

- 多地市民参与网上赌博被犯罪团伙骗得亿元。

与境外赌博网站合作,层层发展会员进行网络赌博。安徽公安边防支队在安徽、温州等地同时行动,摧毁了一个特大网络赌博团伙,抓获犯罪嫌疑人25名,该团伙累计涉案金额逾亿元。

2017年4月,安徽公安边防支队获取了一条线索,他们侦办的一起组织他人偷越国（边）境案涉案人员的丁某涉嫌从事组织网络赌博活动。于是他们顺藤摸瓜，牵出了一个特大网络赌博团伙。2018年1月18日，警方在北京和安徽同时行动，抓获包括黄某、林某、赵某在内的25名犯罪嫌疑人。

"我也是通过聊天工具与境外人员联系，从最底层的会员当起，随后一步步升级成一级代理。"据40多岁的嫌疑人黄某交代，2013年接触到境外赌博网站后，见搞网络赌博利润很高，他便筹措到100万元，但资金还是不足，于是又找到两人各入股50万元，组成了网络赌博公司。

接着，3个人从网络上取得境外赌球、时时彩、百家乐等赌博网站一级代理权，"和赌博网站商定好，赌博网站占股20%，黄某等人占股80%，输赢获利情况按占股情况分配。"

所谓一级代理相当于庄家，然后层层发展出二级代理、三级代理，拉人进行网络赌博。在操作过程中，黄某还让自己儿子和侄儿作为助手，负责赌资的收取、发放，变更登录网址和发展下线会员。网络赌博团伙利用这套手段已经获利几百万元。2月17日，黄某等11名犯罪嫌疑人被依法批准逮捕。

- 网络赌球。

随着球迷对欧洲杯的热情渐入高潮，赌球也越发生意兴隆。有调查显示，在欧洲杯赛期间，参赌人数成几何级暴增，境外非法赌球网站也成倍出现，甚至明目张胆招揽生意。此类犯罪活动具有便捷、隐蔽等特点，组织者普遍采用"传销模式"高效运作，"抽水机"般每年从中国内地抽走巨额资金，不仅极易滋生各种刑事犯罪，还严重威胁国家经济利益和金融安全。

2016年7月，广西、湖北、辽宁等地警方陆续破获多起欧洲杯期间"网络赌球"案件。

此前的7月3日，广东省广州市荔湾区法院对公安部督办的"1·16"

网络赌博专案公开宣判。此案是全国最大、人数最多、层级最高的网络赌博案，接受投注金额达4840亿元，震惊全国。

随着互联网技术的发展，通过网络赌球平台赌球成为许多赌徒的选择。大量境外赌博公司在境内广招代理商，以致赌博代理网站几乎遍地开花。公安机关的数据显示，这不仅引发了大量家庭悲剧，还导致中国每年大量资金流向境外。

2018年7月10日3点30分，在一个名为"世界杯足球投注"的QQ群里，几名群友激烈地讨论着最后的投注方案。

还有半小时比赛就要开始。按惯例，各大网络赌球平台会在比赛开始前10分钟停止这场比赛的投注。

群主在QQ群里发布了一条广告："比赛即将开始，还没下注的同学或想加注的同学，可以到合作信誉好的群下注盘口……多玩法，高赔率，开赛也能下注，提款秒到。"

这个拥有360余名成员的QQ群，创建者和管理员是一家网络赌球平台的国内代理。网站资料显示，这家名为"申博太阳城"的网络赌球平台总部位于菲律宾。

尽管大部分网络赌球平台总部都在境外，但境内赌客想要找到投注渠道并不复杂。在搜索引擎上输入"赌球""投注"等关键词，大量相关的网页会在瞬间跳出。

简单输入基本信息后即可成功注册一个账号。随后登录并选择体育赛事项目，页面显示，仅足球一项就有全球包括世界杯在内的数十个赛事可供投注。投注方式更是多种多样，包括猜大小、单双、独赢、滚球等10余种玩法。

据悉，这家公司技术部在菲律宾，网络营销在马来西亚，接待部在中国澳门，以现金模式上线10多年了，而且启用了中国香港地区、美国、韩国等服务器进行运行，系统经过重重加密，绝对保障客户的资金安全。

"对于赌客，整个流程很简单，全部都可以在线操作，连小孩子都会；对于庄家，电脑上随便点击几下，几十万、上百万元的赌资就到户头了。"互联网发达的时代给赌球提供了很大的便利。

防骗指南

（1）不要轻信网络上的赌博博彩信息，要有良好的克制能力，远离赌博行业。

（2）如何辨别境外赌博公司（官网）是正式的、没有猫腻的？凡是吸引赌客注册的同时又鼓动大家加盟做代理的都是骗子赌博网站。任何正规的、大型的境外赌博公司都不需要大家做什么代理，他们遵守其国内法律，并往往与旅游度假方式结合，不会发展任何赌博代理体系。

十八、QQ彩票预测

彩票中大奖是公认的小概率、不可预测事件。然而在巨奖的诱惑下，仍有彩民相信"猜中大奖"的奇迹，一些不法分子也利用这种心理通过在网络上开设所谓"预测网站"，并通过QQ诱导等方式骗取彩民钱财。

诈骗案例

- 长春破获彩票预测诈骗案，涉案金额达200余万元。

2016年4月3日，长春彩民李某在QQ群里点击了一个"中国福利彩票3D胆码预测网站"的广告链接。进入网站后，发现网站宣称专家预测中奖率为100%。

李某好奇，拨打了网站客服电话，客服人员对他说，想得到专家预测号码必须先交纳198元会员费。李某付费后，有一名自称客服经理的女子称，李某需再交纳3000元成为高级会员，才能得到专业帮助。

李某再次交费后，有"专家"给李某打来电话，称需要再交纳会员费、专家预测费、保密押金、公证费、税费等费用后，才能领到奖金。

接下来的6天，李某按照网站工作人员的要求，一共汇款13万元后终于得到了一份号码信息。可是接连几天都没中奖，他怀疑自己被骗，于是报案。

截至目前，长春警方通过调查犯罪嫌疑人未销毁的资料发现，他们一共作案120多起，受害人遍布全国各地，有120多人，诈骗金额达200多万元。

- 男子虚设"彩票预测网站"诈骗24万元被判刑。

2016年5月19日，南通市通州法院发布了一起虚设彩票预测网站、诈骗多名彩民24万余元的案例，被告伍某因诈骗罪被判处有期徒刑5年，并处罚金人民币8万元。

2016年5月8日，家住南通平潮镇的吴某在上网时，一个名为"日中千元彩票群"的QQ群邀请她加为会员，吴某点击确认加入了该群，看到群里一直在发送有关中奖的信息，并提示她在名为"中彩在线"的网站上注册账号。但吴某注册后仍然不能进入该网站。群主"焦点"通过网聊告诉她，要充值后才可以进行下一步操作，吴某不会充值，"焦点"就让吴某点击远程，并叫她输入账号、密码、URF盾密码，进行操作示范。随后"焦点"联合"定位胆会员群"的群主"菲凡"一起向吴某发送"预测数字"，让她购买彩票。第一天，吴某购买对方提供的预测数字就赢利500元，尝到甜头的她不断跟进，但是后来几天就很少中奖了。对方让吴某多充值，称必须保证账户上有足够的资金才好操作，同时给吴某灌输所谓的概率和倍数关系，诱导其多汇钱。

吴某不断地汇钱并按对方提供的数字跟进。5月12日晚上，"焦点"在网聊中说"你账上没钱了，不好带你操作了，除非你再想办法筹钱"，吴某连忙向别人借了5万元汇过去。5月18日晚上，吴某被对方从群里踢了出来，她认为是账户资金不足导致，便赶紧充值并继续投注。直到5月21日晚上，吴某连彩票网站也登录不上时才如梦方醒。至此，吴某向对方汇款总计已超过14万元。

吴某向公安机关报案后，通州警方立即对此案展开侦查，发现家住重庆的伍某有重大作案嫌疑，在当地警方配合下实施抓捕，伍某很快落入法网，并对自己的犯罪事实供认不讳。

法院审理查明，2015年以来，伍某通过虚假的"中彩在线"网站，设置了"重庆时时彩"虚假操作平台。通过"日赚千元"和"定位胆会员群"QQ群，以群主的身份发布"不保证期期中奖，保证期期赢利"等广告诱导他人注册账号，并编造"通过概率和倍数关系提供数字定能中奖赚钱"等谎言，诱使被害人向其控制的"谢某"名下银行账户转账购买虚假的"彩票"。

伍某通过网站后台控制开奖号码，发布虚假中奖信息，引诱被害人继续充值购买虚假"彩票"。3月至5月期间，伍某共骗取被害人罗某、王某、唐某、邰某24万余元。案发后，其主动退清了所有涉案赃款。

法院审理后认为，伍某以非法占有为目的，虚构事实，在互联网上向不特定多数人发布虚假消息，从而骗取他人财物，数额巨大，其行为已构成诈骗罪。宣判后，伍某当庭流下悔恨的泪水，"我原以为通过网络不见面，骗点别人的钱财，公安机关是无法破案的，自己是抱着侥幸心理走上了犯罪的道路，希望大家从我身上汲取教训"。

第一章　社交网络诈骗

防骗指南

实际上，彩票中奖号码都是随机产生的。此类网站大多是打着预测号码、保证赢利的幌子，通过出售虚假"彩票"，额外收取费用的方式诈骗受害者钱财。彩票本是一种娱乐，切勿将中奖作为一夜暴富的手段，现实的财富唯有靠辛勤努力的工作劳动，莫让贪念蒙蔽了双眼。

十九、搜到诈骗网站

诈骗网站是以非法占有为出发点，利用互联网采用虚拟事实或者隐瞒事实真相的方法，骗取数额较大的公私财物为目的的网站。诈骗网站大都在境外，警方接到举报后要关闭该诈骗网站往往需要一定周期，犯罪分子则会经常变换域名和IP地址，以逃避打击。

诈骗案例

- 吉女士贷款，遭遇诈骗网站。

南京吉女士想申请贷款，于是，她在网上搜索"贷款"二字，结果一下子跳出了无数家可办贷款的担保公司。之后，吉女士选择了一家看上去还不错的担保公司，根据对方留下的电话打了过去。"电话里，工作人员说银行要审核我有没有还款能力，要我交5万元，来证明我有能力还款，不仅如此，还要交5000元作为保险。"吉女士说，起初，她有点担心，后来，对方寄来了一份合同，合同看着挺正式，所以她才放下心来，签了合同后，就把钱给打过去了。

然而，吉女士并没有等来贷款，相反，当她再次与担保公司联系时，对方的电话再也无法接通了。感觉自己被骗了，吉女士报了案。

- 徐先生网上办理业务被骗 7000 余元。

杭州的徐先生听说现在银行的很多业务都可以通过网络办理，所以就在网上搜索了银行网站。点击进入后，发现是一个委托办卡的第三方公司，当时他并没有太多怀疑，就将自己的身份信息发送了过去。

后来对方表示卡已经申办成功，如果要正常使用需要激活，而激活需要一定的费用。前前后后一共汇去 7000 多元后，徐先生发现自己上当了。后来，心怀侥幸的他还拿着这张信用卡去消费，结果根本不能使用。

- 王先生从诈骗网站贷款被骗 5 万余元。

王先生在搜索网站上看到一个叫"财源小额贷款公司"的广告。正需要钱的王先生就通过该网站联系了这家公司的客服，希望贷款 3 万元。对方趁机提出，按贷款流程需要先支付这笔贷款的首月利息 240 元，王先生按要求将利息打入了指定账户。不久，一名自称该公司舟山地区信贷员的男子与他联系，表示他还需交纳 3000 元的合同履行金，急于贷款的王先生一一履行。此后，该公司又先后以证明偿还能力、开错贷款支票等理由要求王先生汇款，前后累计汇出 5 万多元。

然而，王先生却离希望得到的贷款越来越远。知道被骗的王先生到县公安局报了案。

- 林女士网络购票，不料掉入诈骗网站圈套。

一段时间以来，张惠妹厦门演唱会的广告出现在厦门街头。某年 10 月 13 日，林女士准备去现场目睹"阿妹"的风采，就在某搜索平台上搜索"张惠妹演唱会门票"，找到"www.xingcan＊＊.com"网站，对方自称可卖 11 月 21 日张惠妹厦门演唱会的门票，还留了一个"400"开头的联系电话。

林女士拨通这一电话，对方告诉她，只要600元就可购买两张演唱会门票。林女士通过支付平台付了款，苦等了数天，不但没收到门票，购票网站也打不开了，联系电话也无法拨通。

- 李小姐被"无抵押贷款"诈骗1.3万元。

2016年6月9日上午，李小姐在网上找无抵押贷款的公司，下午便有一家自称是上海杨浦科诚小额贷款股份有限公司的工作人员联系到她。对方称可以帮李小姐办理无抵押贷款，让她把资料传给对方，李小姐把资料用传真的方式传给对方。第二天，对方联系李小姐说资料已经审核通过，签订贷款合同就可以办理贷款，无须抵押。但要先汇款3000元激活，再汇5000元的验证金，汇完后，对方又说要再汇1万元的保证金，李小姐称自己只有5000元，对方说先汇5000元也可以。之后对方又说要再汇偿还能力金，李小姐说自己已经没有钱了，称不办理了让对方退款，可之后联系不到对方，才知道自己被骗。

- 小龚被"无抵押贷款"诈骗2万余元。

2016年11月，在武汉打工的小龚报警称受骗。原来是他买车钱不够，在网上找到一家贷款公司。对方称无抵押，无担保，放款快捷，小龚便办理了贷款手续，并先后向指定账户汇去各类保证金共2万余元。可贷款迟迟没回音，手续费也要不回，小龚选择报警。

黄陂民警通过调查发现嫌疑人藏匿在福建将乐县一小区内，遂赶赴福建，成功抓获四男一女5名嫌疑人。

警方在作案电脑中锁定假贷款合同、转账记录、多达1000人的聊天记录等关键证据，受害人遍布全国各地。

防骗指南

（1）不要随意拨打网上的电话。

有些诈骗网站会留下自己的联系方式让用户拨打，这个时候就一定要提高警惕了，必须先做一个全方位的了解，再考虑下一步的行动。

(2) 购物尽量使用第三方支付平台交易。

在网站购物时，用户要尽量避免直接汇款给对方，可以采用支付宝等第三方支付平台交易，一旦发现对方是诈骗，应立即通知支付平台冻结货款。即使采用货到付款方式，也要约定先验货再付款，防止不法商家偷梁换柱。此外，一定要在市场上认可度比较高的购物网站上购物，在支付过程中最好选择支付宝等较为安全的支付方式，切记不可现金转账，以免被骗。

(3) 保管好自己的私人信息。

不要随便告诉陌生人自己的私人信息，注意保管好自己的电子邮箱、QQ号等相关私人资料，尽量少在网吧或公用电脑上网等，尤其在汇款给别人之前，务必要向朋友或客户核实情况，以免上当受骗。

(4) 账号密码要及时更换。

不要年复一年用一个密码，如银行账户、QQ、邮箱一定要做到不定期修改密码。若发现自己受到诈骗，要保留好证据，比如聊天记录等，若有钱财流失，就要马上报警，要冷静，不能试图自行去解决。

二十、搜到淫秽色情网站

淫秽色情网站也称色情网站，是指传播淫秽、色情等信息内容的网站。色情信息对未成年人身心健康有害，因此在很多国家受到管制。但现在由于互联网技术的发展，一些网站甚至还打着色情的幌子干着诈骗的勾当，骗人钱财。

诈骗案例

- 华某被色情网站骗取2万多元。

某年11月9日20时许，华某通过网络搜索进入一家色情网站，根据网站提供的联系号码，跟客服甲讲好找小姐提供上门按摩服务，并通过电话约好了服务地点。客服甲称要先交 200 元预订金汇入指定银行账号,华某二话不说照办了。

汇了钱后,华某要求安排小姐马上过来,客服乙要求其交 3000 元保证金,华某照办了。十几分钟后,自称司机的丙来电说按摩小姐已带至瓯海区新桥街道,但因送小姐存在风险,要求交纳 8000 元保险费,华某又答应了。

汇钱后,华某再次打电话给客服乙,乙说现在就把小姐送过来。大概过了 20 来分钟,丙打电话说怕送过来的小姐被华某绑架或者虐待,让华某再交 1 万元的保险费,华某也没多想再次汇款。到了 23 时多,丙再次电话称小姐身上穿的情趣内衣是进口的,怕在服务的时候被华某弄坏,要求华某再交 5000 元的保证金,稀里糊涂的华某直到这时才感觉事有蹊跷,就到公安机关报案,现公安机关已立案侦查。

- 小伙寂寞难耐进"裸聊网站"被骗 6000 元。

大庆市某单位员工 28 岁的小朱在家浏览网页,搜索到一个叫"激情视频裸聊"的网站。小朱打开网站,网站上显示想要裸聊,需要注册成为会员。于是,小朱在该网站注册,网站上弹出一个聊天窗口。"客服人员"说想要和美女裸聊,必须交 300 元成为 VIP 会员。小朱被和美女裸聊的诱惑强烈吸引,马上交付了 300 元。

随后,"客服人员"说只办理 VIP 会员还不行,必须给 VIP 会员充值 700 元才能激活,激活后就能和美女聊天了。小朱想聊天心切,又给会员卡充值 700 元钱后问是否可以聊天,可对方又说必须交 2000 元押金,这笔钱以后可以返还。

小朱对该网站没有丝毫怀疑,于是又给对方汇过去 2000 元钱。可交完押金后,小朱还不能聊天,对方又说,系统正在升级,要给会员建立档案,还需要充值 3000 元。对方一直找借口让小朱掏钱,小朱丝毫没察觉出不对,又充值 3000 元。在不知不觉中,小朱先后砸进去 6000 元,可是不仅啥也没看到,连语音聊天也不让,小朱十分不爽。

充完这 3000 元后，对方又说小朱的密码有风险，需要设置二级密码，让他充值 6000 元设置二级密码。

这时小朱反应过来不对劲儿，让对方退还押金，可对方说没有申请二级密码不能退钱。对方荒唐的借口让小朱确定自己被骗，于是报警。

防骗指南

所谓色情诈骗网站，是指不法分子利用各种手段，仿冒真实网站的 URL 地址以及页面内容，或者利用真实网站服务器程序上的漏洞在站点的某些网页中插入危险的 HTML 代码，以此来骗取用户银行或信用卡账号、密码等私人资料，或者通过收会员费来诈骗。有些人常去一些小网站，看一些不雅的视频，或者玩游戏，这是很不好的，不但危害身心健康，还会给诈骗分子留下蛛丝马迹，一旦用户电脑被黑客攻击，或者被盗取了密码之类的个人信息，那么将会发生难以预料的损失。

二十一、搜到附带木马病毒的网站

木马病毒网站是指利用网页作为载体来进行破坏的病毒，一些恶意代码利用浏览器的漏洞来实现病毒植入。当用户登录某些含有网页病毒的网站时，网页病毒便被悄悄激活，这些病毒一旦被激活，可以利用系统的一些资源进行破坏。轻则修改用户的注册表，使用户的首页、浏览器标题改变，重则可以关闭系统的很多功能，装上木马，染上病毒，使用户无法正常使用计算机系统，严重者则可以将用户的系统进行格式化，而这种网页病毒容易编写和修改，使用户防不胜防。

第一章 社交网络诈骗

诈骗案例

• 李某敲诈勒索案：利用木马远程控制摄像头偷拍私密照片而后敲诈勒索。

李某在电视台某相亲栏目中看到了女嘉宾陈某，因喜欢该嘉宾便上网查询她的邮箱等信息。后李某下载了一些木马病毒，并将病毒伪装到代言合同文件中，将文件命名为"代言邀请"，发送到陈某邮箱内，陈某点击其发来的邮件致电脑中木马病毒。之后，李某时常远程打开陈某电脑的摄像头，偷看并拍摄照片或录像。2016年7月，李某手头比较拮据就萌生了敲诈钱财的念头。他通过远程控制将三四张陈某的裸照和敲诈信直接在陈某的电脑屏幕上打开，并以将陈某的裸照和未化妆的照片发送到互联网上相要挟，向陈某勒索钱财3万余元。陈某决定报警，公安机关于2016年10月将李某抓获归案。据李某交代，其采用同样的手段曾向潘某敲诈3万元未果。

• 大学生利用木马病毒盗窃网上银行账号与密码实施盗窃。

2016年8月，张某在河北石家庄的一家网吧当网管时，网吧管理主机被黑客黑了，这名黑客通过远程监控加其为QQ好友。后通过在网上聊天知道这黑客叫曹某，是山东某大学学生，并与曹某成为网络好友。2016年12月，曹某通过远程监控程序，窃取李某中毒电脑上输入的两个银行账号和密码，并下载了电子银行证书。因在学校网速慢和"不方便"，后曹某告诉张某银行卡的账号、密码和证书，让其帮忙把卡里的钱划走，然后在网上购买游戏点卡。后张某和曹某两人一起将账号内的40余万元充值到某游戏网站其注册的账户里，并购买游戏点卡，通过出售游戏点卡方式兑现，两人随后被抓获归案。朝阳法院以盗窃罪判处曹某有期徒刑12年，罚金1.2万元；判处张某有期徒刑8年，罚金8000元。

- 淘宝卖家中木马病毒案例。

杨女士是广西南宁人，有一家专卖空调及配件的淘宝店。2016年8月，一位湖南买家跟杨女士说，要买个空调压缩机配件。在网上聊天过程中，对方发过来一个图片链接说："你看看，这个货你有吗？"杨女士打开图片后，向对方确认有货，对方很快下单并付了钱。但湖南买家收货后却说货买错了，要退货退款。杨女士嫌申诉程序烦琐，爽快地答应了退款要求，想都没想就输入支付宝账号和密码，点击了退款。几天后，她查看账号资金，发现钱少了许多。"有4次转账我不清楚，且都转给了一个账号，一共是8000多元。"杨女士马上报了警。

防骗指南

木马病毒网站使得各种非法恶意程序能够得以被自动执行，在于它完全不受用户的控制。用户一旦浏览含有病毒的网页，即可以在其不知不觉的情况下马上中招，给用户的系统带来一般性的、轻度性的、严重恶性等不同程度的破坏，令用户苦不堪言，甚至损失惨重无法弥补。因此，需注意以下几点。

（1）提高自身安全意识，不随便浏览别人给的奇怪网站。

（2）安装杀毒软件、安全助手等。

（3）保持浏览器版本更新，及时安装补丁。

第二章 网络传销、招聘和婚恋诈骗

一、免费陷阱

随着网络的普及和发展,各种诈骗手段也层出不穷,给广大人民群众造成了大量的损失。当今社会网络传销诈骗屡禁不止,就是利用普通民众对相关知识的不了解、对事件的不警惕,不断进行着违法的传销诈骗。最近出现不少"免费获利,增值消费"式传销行为,宣称"消费不用花钱,免费购买商品""消费—存钱—免费""消费满500返500"等,欺骗性强、诱惑力大,引起不少人的兴趣,最终上当受骗。不法分子利用了人们的爱财心理实施诈骗,被欺骗感情、诈骗钱财而引发人命的悲剧屡见不鲜。

诈骗案例

- "WV梦幻之旅"免费旅游还能挣钱?

近期,一个名叫"WV梦幻之旅"的投资项目在微信朋友圈中疯狂转发,根据这个项目的介绍,参与者不仅可以在全世界获得免费旅游的机会，还可以通过拉入会员挣钱，只要够卖力，就能让人赚得盆满钵满。

视频中宣传，这个"WV"组织所从事的"业务"，就是号称可以让参加的人以远低于市场的价格参与某些旅游项目、享受机场接送服务、入住海景房间等。那么，如何才能获得资格去参加低价旅游项目？答案是：交钱入会。根据介绍，"WV梦幻之旅"有黄金和白金两种会员资格。成为黄金会员后，可以享受到所谓的各种低价旅游线路。同时，这一机构承诺如果在7天内找到完全相同的旅程，将会退还百分之百的旅行费用。视频中介绍了一个预订机票的系统，称如果在预订机票后，机票价格出现了波动，那么会为会员转变成较低价格的机票，并且获得退款。

对于白金会员，除了所有黄金会员的福利之外，还有梦幻之旅的白金旅游机会，可以在每个旅游中获得一些独有的旅游升级，包括房间升级、缆车票、免费旅游等。

然后，每个会员每付出一美元，则获得一个点数，可以用于抵扣消费。要想成为上述两种会员，必须交纳入会费和月费。其中，黄金会员的入会费为199.99美元，月费为49.98美元，白金会员的入会费为299.99美元，月费为99.99美元。

在宣传视频中还给出了一些旅游案例。譬如，一个所谓4天5晚的豪华北京之旅，会员仅需花费369美元即可参加，而安排入住的北京万豪酒店，正常的入住价格在千元左右。视频中列举的海外旅游项目，也远远低于正常的市场价格。

在最初的28天里，业务代表引入3个会员，就可以获得100美元的奖励，如果引入4个会员，就可以获得免除月费和代表费；如果引入6个会员，就可以获得额外的300美元的奖金；如果一个月内有12名新会员加盟，这名业务代表就可以获得越来越多的奖金。

然而，就是这样一个组织也存在许许多多的疑点，在其营销宣传中，使用了不少欺骗的手段。

这个组织还曾经宣称与旅游卫视形成合作关系,其后,旅游卫视也公开澄清,与其之间没有任何关系。此外,"WV梦幻之旅"还对外宣称已经在申请中国的直销牌照,但是在商务部的网站上却查不到任何关于这家企业的信息。

- 万家购物传销。

"万家购物"网站所在的浙江亿家电子商务有限公司由应某等人于2010年5月组建。2010年7月起,"亿家公司"以"万家购物"等返利网站和"百业联盟"加盟店网络为平台,打着"满500返500"等幌子,以超高额返利诱使他人发展会员,并按等级计酬。

可怕的是仅两年时间,万家购物从注册资本10多万元网络代购商发展到日交易额3亿元的电子商务巨头。万家购物发展各级会员200多万人,遍布全国31个省(区、市)的2300多个县(市),是目前已知全国最大的网络传销案件。

为了更好地蒙蔽传销对象,万家公司通过花钱购买、赞助、提供支持等手段获取了一些所谓的政府、机构荣誉来装点门面。事实上,万家公司在荣誉的背后却大行网络传销的害人勾当。其计酬方式、公司分层级的架构、发展下线的做法都具有鲜明的传销特征。

防骗指南

参与网上的营销活动一定要明辨真伪,以免被不法分子诈骗遭受经济损失,甚至被骗参与传销等违法活动。只要提高警惕,不贪小便宜,保持清醒的头脑,不轻易相信网络上发布的信息,通过有效途径对信息进行验证,不轻易透漏自己的银行卡号及密码等重要信息,骗子的手段再高明,我们也不会上当。除非网站经过安全认证,否则不要轻易进行操作。如果不慎陷入传销陷阱,必须学会在第一时间拿起法律武器保护自己,唯有如此才能保证自己不受伤害。

二、爱心互助

由于网络这个大空间本身的虚拟性，人与人之间的交流是通过信号交流转换传递的，而非面对面直接交流的特性决定了网络诈骗犯罪较之传统的诈骗犯罪，具有其特殊性。表现为：网络是一个四通八达，没有边界、没有中心的分散式结构，体现的是由开放的理念和堵不住、打不烂的设计原则。任何人都可以接入互联网，向世界发布信息，传播自己的观点和理念，在这里信息跨越了时空界限，实现了自由流动。网络在为人们的生活提供自由、便捷的同时，也为犯罪提供了便利条件，使网络诈骗犯罪活动超越了时空条件的限制，犯罪行为人可以在任何时间、任何有网络的空间虚构事实或非法获取访问权实施犯罪。

诈骗案例

- 爱心互助实为传销。

警方某日上午捣毁一个藏匿在山东烟台开发区某高档住宅小区内的特大非法传销组织。经查，该组织以"爱心互助"为名在开发区部分小区内建立了8个窝点，按照拉人头提成分红的模式进行非法传销活动，已有数百名群众上当受骗，涉案金额约600万元。

2015年8月初，烟台开发区海河派出所接到群众报案，称辖区内某高档居民小区里可能藏匿着一个非法传销窝点。经过细致走访与缜密摸排，8月18日上午，开发区公安分局抽调近百名警力，划分行动小组对多个窝点同时展开抓捕行动，将屋里吃早饭的嫌疑人控制住。

据介绍，这个非法传销窝点房屋经现场民警测量有270多平方米，是南北通透的全海景房，装修豪华，里面摆放着供传销人员休息的床铺，50寸的液晶电视机旁摆着价值几万元的仿明代酸枝木官帽椅。

第二章 网络传销、招聘和婚恋诈骗

警方根据现场其他涉案人员交代与细致勘查，在几个房间中发现了组织传销的证据，包括含有多章讲课内容的记录本、学员材料与大量现金；在一间卧室内，办案民警还发现了藏在床后用于非法宣讲的巨幅海报。

据了解，这个传销组织打着建立"爱心互助社"的名义吸引不明真相的群众参加，每名参会人员在申请加入时都要交5万元的会费。按照"发展层、三星、四星、五星一、五星二、五星三"组成6个层级，每个层级根据发展的下线情况领取相应的"工资"和"奖金"。

据统计，该传销组织下设40多个小组，分布在全国各地，每个小组约100名会员。不光参与人数众多，由于入会门槛高，该组织成员多为"高端人士"。

此次行动共抓获传销人员50余人，涉案金额约600万元，搜查到该团伙大量的犯罪证据。目前，开发区警方已经对19名嫌疑人采取了刑事拘留的强制措施。

- 4名男子借"全球爱心基金会"名义搞传销敛财200万元。

2016年1月以来，犯罪嫌疑人孙某、许某、郭某、黄某以"全球爱心基金会"为名，在甘肃省定西市岷县以每加入一个会员交纳3000～6000元不等的费用，注册成为该组织的金卡或银卡会员后，并按照层级，直接以发展会员的数量作为分红依据，交纳的费用30％上交该组织的西北总监孙某处，剩余的70％用于发展来的全体会员分红。

该组织的总部在深圳，孙某为该组织在西北地区的总代理，孙某的下线为许某，许某的下线为郭某，郭某的下线为黄某，会员分为4个小组，分别由一个小组长负责管理。全案共发展会员209人，社会危害极大。被引诱加入传销组织的成员多为农民、下岗职工、家庭妇女等低收入群体，有的老人甚至将一生积蓄投入其中。

2017年2月，检察院在审查这起传销案时发现，武某等4个小组长管理的人数均在30人以上，承担联络组员开会、培训、旅游等日常活动事项，参与对每个组员的收款、分红过程，并以高额"分红"为幌子引诱吸纳会员。最后孙某等 4 名犯罪嫌疑人以涉嫌组织、领导传销活动罪被提请批捕。

防骗指南

以爱心互助为幌子的非法传销现在最常用的手法就是与直销混为一谈。无论怎样，直销与传销还是有本质的区别。只要符合以下三种情况，那无疑就是传销了。

（1）加入组织须交纳入会费（或购买产品）。

（2）介绍其他人进来就有业绩奖金。

（3）介绍的人越多，级别越高，收入越多，还有分红，等等。

牢记以上几点就能预防这类诈骗。

三、网络营销、网络直购

随着网络的发展，网络购物渐渐地变成了大众生活的一个重要部分。在淘宝、京东、一号店等电商崛起的同时，新型的诈骗手段也慢慢地开始萌芽。以网络购物为幌子，假借"网络营销""网络直购"等，吸引会员购买一定数额的商品，并推荐他人参加购物成为会员，根据下线会员的数量或购买商品数额的多少获得奖励。

诈骗案例

- 陈某通过网络营销骗取 400 多万元。

"教你 108 天买奔驰、6 个月买房、一年开劳斯莱斯"，打着微信营销的口号，号称"亚洲催眠大师"的陈某，2016 年 1 月因领导、组织传销活动罪在南京市玄武区法院受审。3月17日上午,南京玄武法院宣判,陈某被判处有期徒刑8年。

相信大多数人看到这样的口号时都会觉得是一个天方夜谭,可是为什么还会有人义无反顾地跳入其中呢?让我们来看看骗局是如何展开的?

陈某自称"亚洲催眠大师",以推销其微信营销课程为名,打着"月入百万·微信营销"的口号,陆续在上海、杭州、广州、厦门、福州、石家庄、北京、长沙、宁波、南京等地开展以微信营销为主要内容的"免费授课"。

但这种"免费授课",并不是真的免费,而是要求参与者交纳不同数额的代理费,成为其不同级别的微信营销课程的代理商。代理商通过手机微信软件,向社会大众宣传陈某的"微信营销"大会,吸引更多的人参加此会,成为陈某的新代理商,骗取他人的代理费,并形成包括陈某本人在内的多级组织层次。

陈某被公安机关抓获归案。经公安机关查明,已有329人作为陈某的代理商参与了其领导的传销组织。

法院经审理认为,陈某以推销微信服务为名,要求参与者交纳一定的费用成为其微信代理商,并按照一定顺序组织层级、以直接发展人员的数量作为计酬依据,引诱参与者继续发展他人,骗取财物,扰乱经济社会秩序,情节严重,已构成组织、领导传销活动罪。

法院开庭审理了陈某传销案。法庭上,陈某否认他此前宣称的身份:"我不是什么'亚洲催眠大师'。"据了解,陈某本人是中专学历,常年游走于上海、南京等地的社会培训机构学习营销,并无正规文凭。

为维护公民的财产所有权以及正常的经济秩序和社会管理秩序,法院依照《中华人民共和国刑法》相关规定,做出了判决,并责令被告人退赔被害人损失461万余元。

• 警方然获"香妃丽人"传销团伙。

2016年4月,江西抚州市东乡县公安局经侦大队接二连三地接到外地人员的报警电话,称自己在东乡县打工的亲戚朋友向他们推销"香妃丽人"产品,索取了他们巨额"投资"后,就再也找不到人。东乡县立即成立了"4·13专案组",根据爆料人提供的线索,在全县范围密切布控。

根据当地一些居民反映,有些行动神秘的男女会在晚上出现在东乡县公园。有一天,一名老人路过县法院老宿舍路边时,从楼上窗口扔下一张50元钞票,上面写着求助信息。

专案组根据线索,通过两个多月的跟踪摸排与巡逻,从外围成功抓获犯罪嫌疑人李某,经审讯,在当地的华联超市、法院老宿舍、步行街路口、老火车站均藏匿着他们的传销组织窝点。

经过数天的摸排确定,8月20日深夜,警方将4个传销窝点悉数捣毁,共抓获以杨某为首的犯罪团伙嫌疑人李某、张某、尹某以及被胁迫参与非法传销活动人员60多名,一举打掉盘踞在东乡的"香妃丽人"传销团伙。

经过初步审讯,一个以女犯罪嫌疑人杨某为首的传销组织浮出水面,该组织大部分为"90后",来自全国各地18个省份。该犯罪团伙在网上虚拟一款"香妃丽人"传销产品,每套2800元,用网上交流平台,利用色情或者巨额利润为诱饵,诱骗不明真相的外地青年男子来交通便利的东乡,在东乡公园约见后,被带入上述4个传销窝点,秘密控制起来,并实行非法拘禁,若是有意逃跑脱离的,骨干人员就会指使其他人员殴打虐待。

- "无卡POS机"传销诈骗。

名为"星火草原"的微信公众号自2015年12月上线运行所谓的"无卡POS机"分销系统。参与人通过微信扫描"星火草原"二维码、关注该公众号成为它的"粉丝",但只有分别交纳100~300元后才能成为相应级别的代理商。获得了代理商身份,才具备发展下线并获取提成的资格。方法就是继续转发二维码发展更多"粉丝",再让"粉丝"交钱变成代理商，这时他作为上线代理商就能获得直接和间接的推广提成，提成以微信红包形式发放。经查实，从"星火草原"的微信公众号开始运行截至案发的半年时间，其"粉丝"达1500余万人，各级"代理商"150余万人次，涉案金额2亿多元。

在这起案件中，传销组织用微信推销的是所谓"无卡POS机"，它并不是什么有形的商品，而只是那个可以让人继续发展下线的二维码。

防骗指南

疑似传销的营销模式普遍采用分级代理制度。

（1）做代理无须加盟费用，直接购买货物就可以成为销售代理。

（2）品牌代理有多个层级。拿货越多，层级越高，而最高等级的代理商则需要一次拿货数万元以上。

（3）成为代理后，就可以发展次级代理，也就是俗称的"下线"。每个层级的代理拿货价格不同，赚层级差价得到的收入要远高于直接销售，越高级别的代理依靠发展下级代理获得的收入越多。

其实判断是正常的经营、正常的朋友代购还是传销，要素之一就是它的赢利模式是不是靠发展下线、发展人头，或者说是不是我们所说的一种金字塔形的赢利模式。相信大家经过理性的思考一定能做出正确的判断。

四、网络游戏

网络诈骗是指一切利用网络进行诈骗的活动。在各类诈骗案中，网上诈骗日益猖獗，所造成的损失也日益严重。事实上，网络传销诈骗以其独特的方式、高额的回报，成为网络诈骗中的主要组成部分。而网络游戏类诈骗也是近几年兴起的一种网络传销诈骗方式。

传销团伙以网络游戏为诱导，假借"游戏股票""开心淘""金钱游戏"等游戏形式引诱玩家购买游戏充值卡或交纳会费，鼓励会员推荐他人加入，从而获得直销奖、销售奖。

这类诈骗我们平时上网就会看见，一般各类偏门网站右下角的广告就是这类诈骗的一种传播形式。

诈骗案例

- 山西大同网络游戏诈骗案。

山西省大同市城区人民法院一审公开宣判了一起网络传销案，被告人姜某犯组织、领导传销活动罪，被判处有期徒刑7个月，并处罚金1万元。

法院经审理查明，被告人姜某自2011年9月26日进入金路网络国际投资有限责任公司网络传销集团后，以宣扬在网络玩游戏可以赚钱、交纳一定费用成为公司会员可得到回报、发展会员加入可得到更多回报的方式，进行传销活动，截至案发，发展下线17层，组织成员100余人。

- "AHK澳洲汇金理财游戏"。

从2013年起，广东江门、重庆以及山西省不少地区接到报警称，在网上有个"AHK澳洲汇金理财游戏"网站，以现实资金兑换虚拟货币的购买方式加入，有人已投入数万元，很像一种网络传销。

2013年8月12日上午10时，在广东省公安厅的指挥协调下，江门市公安局经侦、特警、宣传等部门出动警力，分成10个工作小组，前往广州、东莞等地对"AHK澳洲汇金理财游戏"网站涉嫌组织领导传销活动的嫌疑人案采取收网行动，成功抓获该传销组织主要头目高某、包某等5人，冻结涉嫌传销资金近1200万元。

不法分子的具体做法是通过网友购买积分（EP）注册账户才能取

得会员资格，每个会员在网站中有个 ID 账号，可在网站购买虚拟货币，这些虚拟货币也可以套现。与此同时，会员可以发展下线，并收取费用。该网站的赢利主要靠提现的手续费和入门费。

防骗指南

这类诈骗虽然是新型传销诈骗，但是还是不离传销诈骗的本质，即发展下线，以高额利益来诱惑人们加入这类不法组织。大家要提高警惕，不要上当受骗。

五、基金传销

基金式传销是指经营者以销售基金的名义发展人员、组织网络、募集资金，参加者通过向基金会交纳理财金或以认购基金等交纳会员费的方式，取得加入、介绍或发展他人加入的资格，并以此获取回报；组织者、先参加者通过发展人员、组织网络或以高额回报为诱饵招揽人员并从发展的下线成员所交纳费用中获取收益的一种新型传销方式。

基金式传销本质上是一种新型的传销，既具有普通形式传销活动的一般特征，又有符合其自身发展规律的独有特征。

诈骗案例

- "亿汇香港投资公司"诈骗案。

杨女士退休后的一天接到一个电话，对方自称是"亿汇香港投资公司"，声称可以为客户代理投资国外优质基金，累计年收益率达20%。签订申购合同后，杨女士将10万元存入了该公司指定的账户。但此后不久，亿汇公司突然人去楼空，客户委托投资的资金也被转移。

警方破案后，据犯罪嫌疑人交代，其委托中介公司代办注册，在选定公司名称并支付 6000 元后，仅用一天时间就完成了境外公司的注册业务，对方还向其提供了商务登记证、印章等全套材料。警方表示："代办境外公司注册的业务蓬勃发展，但缺乏相关的法律条款制约，其业务因此也缺乏相应的监管，这一问题值得引起注意和防范。"

随着国内基金投资的财富效应持续升温，一些不法分子和不法机构在互联网上设立网站，向投资者兜售子虚乌有的"海外基金"，这些不法分子和不法机构以"高额回报""下线返利"等方式蛊惑人心，当资金累积到一定程度后，犯罪嫌疑人关闭网站，将钱席卷一空，逃之夭夭。

目前中国证监会从未批准过任何境外基金在中国销售，对于"瑞士共同基金"这种所谓的"境外基金"一旦出了问题，将不受《中华人民共和国证券法》保护，投资者资金也很难得到安全保证。因此，投资者应拒绝购买这种基金。投资者买卖证券投资基金，应通过相关招募说明书或公告明示的银行、证券公司等有代销资格的机构以及基金公司直销中心办理。

- 互联网基金传销案。

2004 年，警方成功破获全国首例互联网基金传销案件——传销美国互联网基金案。据了解，该非法传销网络的结构为金字塔形，每一个金字塔系统分为 12 层，每一股基金在其中一个系统中占据一个位置，该位置向下又分支为两个位置。每一个加入这个组织的人，都必须出 200 美元的"基金认购金"，先加入购买基金的人可从后加入人员的出资中获取收益。参与者以本人为顶点向下构成 12 层金字塔模式的传销网络。任何一个组织的参与者都在 World Net 公司网站上有自己的会员 ID 号码及密码，通过 ID 号码及密码可在网站上查询本人所发展的人数及所得回报。经过一段时间的调查取证，警方采取联合行动，破获了这一全国首例互联网基金传销案。

第二章 网络传销、招聘和婚恋诈骗

防骗指南

投资者对不熟悉的经营模式和领域，要提高警惕，谨慎投资，以防掉入网络传销陷阱。在利用网络选购理财产品时，尽量要选择通过正规、信誉度高的发行机构购买，以最大限度地保障理财过程的安全性。其次，目前尽管很多银行开通了理财产品销售的网络渠道，如果要上网购买理财产品，必须在实体机构网点实名制开通网上账户，才能登录。同时，在网上理财时，最好利用移动密钥、U盾等，增强交易的安全度。

六、面试收费欺诈

这一类型往往通过发布招聘信息、引导用户面试、巧立名目收费、恶意毁约等流程实现诈骗。经58同城网站统计，该类型招聘欺诈的平均金额为372元，占比达74%。

诈骗案例

- 假老总网络招工，张先生工作一月方知被诈骗。

2016年5月10日，张先生根据网上一则驾驶员的招聘信息，拨通了上面的联系电话并得到了面试机会。5月16日，张先生来到面试地点。他被带进一家KTV，自称是李经理的人已经在那里等着。随后李经理简单询问了张先生关于开车的问题，并拿出一份试用合同，告诉张先生交2500元加油卡押金之后就可以签合同了。急需工作的张先生确信无疑，交了钱后回家等消息。

第二天，张先生按照李经理的安排给徐总当了两天司机。5月19

日，徐总让张先生交付押金1万元，称要和张先生签合同，正式聘用他。正式合同和高额薪水让张先生非常心动，虽然押金1万元有点多，但为了这份"好"工作，张先生咬咬牙把钱给交了。之后，张先生开着自己的车给徐总当了一个多星期的司机。张先生又给公司周总开了十几天的车。一日，周总称张先生的工作涉及公司商业秘密，需要签一份保密协议，并交纳押金1万元。

公司会出具一份收据和承诺书，承诺于6月15日将1万元押金和工资一并还给张先生。虽然保密协议上的公司名称与之前签订劳动合同上的公司名称不同，但张先生不舍得放弃这份高薪职业，便安慰自己这只是押金，再一次交出了钱。

翌日，周总出差，并把张先生安排给杨经理当司机。6月上旬，张先生问杨经理要工资，杨经理以各种理由推脱责任，始终没有支付张先生工资。后来，张先生试图联系之前那些经理讨个说法，却谁都联系不上了。

此时，张先生才幡然醒悟，他用自己的车给这个经理那个老板当了近一个月的司机，到最后一分钱没拿到不说，自己还贴了2万多元。张先生慌忙来到派出所报案。警方随即立案侦查，根据线索锁定犯罪嫌疑人孙某、刘某，并于6月14日将两人抓获。警方在两人房间查获5部手机及两张手机卡，并在其中一部手机内发现大量招工信息和与多名被害人联系的短信记录。

经查，孙某、刘某两人伙同他人，冒充周总及其助理身份采取相同手法，以招工为诱饵已骗取多人财物，包括张先生的2万余元、李某300元及iPhone 6Plus手机一部、陈某700元和iPhone 5s手机一部。孙某、刘某因涉嫌诈骗罪被上海普陀区检察院批准逮捕。

- 王某应聘船员，落入骗局。

2015年年底，王某在老家通过某网站招聘广告看到某中介公司称南京某船舶公司招聘船员。跟对方联系后，王某和老乡一共11人从老家来到该中介公司，并找到公司负责人张经理。面试后，张经理让他们每人交350元的体检费去医院体检。没过几天，张经理打电话通知王某等人体检全部合格，让他们每人再交8800元钱用于办船员证。交完钱后，张经理让王某等人回老家等通知，没想到过了好长时间都没接到通知，打电话也联系不上张经理。

等到王某等人再次赶到中介公司所在地时，发现该公司已经人去楼空，随即报警。经过长达两个多月的调查，警方查明该起系列诈骗串案涉案金额80多万元，涉及人数高达500余人。2016年8月1日，在相关地区公安机关的配合下，警方调集60余名警力，在南京和浙江温岭、山东威海等地同时实施集中抓捕活动，摧毁4个诈骗团伙，抓获犯罪嫌疑人17人，侦破各类诈骗案件117起。

防骗指南

2016年2月以来，国家网信办会同有关部门，针对各类招聘网站开展专项整治行动，已有两批超过200家招聘网站被查处、关闭。

如果有人遭遇网络诈骗，需尽快拨打110报警，汇款后的2~3小时为最佳追查时间，若报案时间距离汇款时间较长，可能会出现多账户转账等问题，加大了追查赃款的难度。

七、监控面试招工

监控面试招工是新型的招工诈骗手段，嫌疑人大多通过小广告、网络、短信等非正规媒介，打着高薪招聘的幌子，诱骗求职者面试。

互联网金融诈骗防范手册

诈骗案例

- 应聘酒店工作人员，小刘被骗 5000 元。

2015 年春节刚过，河北人小刘就回到北京，想找份好点的工作。在某网站，小刘看到这样一条招工信息：某五星级酒店因春节前员工返乡严重，急招工作人员，薪酬丰厚，有意者请到酒店进行面试，联系人王经理。拨通王经理的电话后，对方要求小刘穿着整齐，第二天到酒店大堂等候面试。

小刘走进酒店，只见酒店装饰豪华，十分讲究，但没有看到王经理本人。再次拨打电话后，王经理让小刘在大堂沙发稍等。过了一刻钟，一个穿着一身黑西装、自称王经理的男子走到小刘面前说："祝贺你，酒店决定聘用你了。""我还没面试呢？"小刘不解地询问。王经理解释说，酒店为了看到求职人员的真实表现和素质，有关部门通过监控录像对小刘进行了暗中"面试"，"面试"已经通过，过几天就可以上班。"你先交押金和体检费。酒店不要现金，直接汇入公司账号。"王经理留下账号后，转头就走。汇款 5000 元后，小刘却再也联络不到王经理了，向酒店前台一打听，酒店根本没有招工，也没有什么王经理。

- 小郑应聘酒店经理被骗 1000 元。

2016 年 5 月 11 日，小郑在网上看到一条关于××大酒店招聘经理的信息，条件十分诱人。小郑激动不已，马上联系了招工信息下留的号码，电话接通后对方称自己是陈经理，表示诚意招工，并要求小郑到××大酒店内进行面试。小郑很快就坐上出租车，到了酒店大堂内，并拨打了陈经理的号码。隔了没多久，陈经理表示小郑已经过董事长的面试，由于董事长身份特殊，不能面对面面试，因此通过监控探头对其进行了面试。

接下来陈经理声称要1000元的押金费用,这是所有经理就职前要交纳的。小郑随后将1000元汇到了陈经理给的银行账号上。之后陈经理又在电话里称经理岗位重要,特别是服装方面肯定必不可少,所以还得交2000元的服装费,之后就可以马上安排工作。

小郑一听只得向朋友借钱,朋友不忘提醒几句:"最近骗子很多,你可要小心。人都没见着,怎么就轻易交钱。"

这时,小郑才醒悟过来。再次拨打电话后双方没讲几句,陈经理就挂断电话,再也杳无音信。事后,警方联系××大酒店负责人,负责人称他们酒店近期没有在任何网站上发布过招工信息,一般他们招工都要通过严格的面试,不会这样草草了事。

防骗指南

如果遇上这类情况可以要求对方出示相关的证明来证明其身份。特别提示:要想找一份可靠的工作,首先要警惕找工作的媒介是否正式规范,一旦要求交纳押金等各种费用,且要求汇款,十之八九是诈骗。一般单位招工有严格的招聘制度,对于"监控面试"更是要格外小心。

八、重金代孕、求孕、求子

大家一定或多或少看过街头的"重金求子"诈骗广告,虽然大部分人是不会信的,但是受骗的不在少数。毕竟骗子都是赚个小概率事件,一万个人看过,有一个信就够了。

"借种"帮少妇生孩子,便能得到百万元回报?怀抱"美丽少妇",坐拥"巨额利益",竟有如此财色兼收的好事?"重金求子"这一看似老套的诈骗手段,以财色为饵,专门钻营人心贪念,频频得手。

"重金求子"这看似老套的骗局,已经从原来贴在电线杆上的"牛皮癣"升级为网络新骗局了。搜索"重金求子",便能发现许多以"重金求子"为名的信息,如"本人30岁、嫁香港房地产商。丈夫因意外失去生育能力,重金邀请健康男士圆我母亲梦。通话满意速付定金50万,事成后速付100万。""求一品正男子共孕,重金酬谢!该广告由律师事务所代理,并已进行了公证。非诚勿扰!"

　　"少妇""巨额利益",竟有如此大的馅饼?当"少妇"和受害者接上头,"重金求子"骗局的走向就由他们操控了。据悉:"有些人越陷越深,对'少妇'深信不疑,甚至将从亲朋好友处借来的钱拱手送给行骗者;而那些中途醒悟者,前期也被坑骗数百元。"

　　光看字眼这似乎是很容易识破的骗术,但对置身骗局中的受害者来说,却是雾里看花,难辨真假。

诈骗案例

- 王某轻信重金求子,被骗3000元。

　　王某在家里上QQ时看到一则"重金求子"的广告,无聊之下加了对方。对方声称只要王某有这方面的意向,可以先付给王某60万元,当作这段时间的生活费、营养费等,事成之后会再付给王某200万元。而后,对方让王某与其"律师"联系。王某与"律师"联系后,"律师"爽快地表示他们会先付给王某60万元。聊到最后,"律师"说,要得到这笔钱,必须先去公证处公证,需要3000元手续费。

　　财迷心窍的王某决定汇出这笔钱。因为王某手头没有钱,还专门从朋友处借来3000元汇给对方。结果对方又称王某的银行卡未办理大额汇款业务,需要交纳保证金1万元。此时,王某才发觉自己被骗了,便到派出所报案。

第二章 网络传销、招聘和婚恋诈骗

- 夏某相信富婆求子，被骗 11200 元。

2016 年 8 月 15 日晚 11 时许，夏某在网上看到一个自称是中国香港富豪妻子的郭某的求子广告，郭某称自己丈夫丧失性能力，特寻健康男子与其共孕，孕后重酬 50 万元，并附上了专门用于联系的所谓的私密手机号。郭某挂断电话后，夏某还沉醉在郭某曼妙的声音里不可自拔，以为是天上掉馅饼，既不用吃太大苦，又可以狠赚一笔，这样的好事怎么轮也轮不到自己头上啊，一心想赚大钱的夏某毫不犹豫就拨打了郭某的电话聊天，一来二往，两人很快熟识了起来，夏某便经常和郭某聊天，期间，郭某称如果要她从中国香港飞过来合作受孕事宜，必须要先交纳 5000 元的保证金，以示诚意，否则郭某不可能过来，信以为真的夏某毫不犹豫地向郭某提供的账户汇款 5000 元，之后，郭某又以必须交纳受孕保证金、先行垫付车旅费为由，先后骗取夏某共计 11200 元。而夏某还在翘首以盼，等待郭某从中国香港飞过来跟他相会，可他左等也不来，右等也不来，直到对方不接电话过后，夏某才意识到自己可能被骗了，之后，夏某急匆匆报了案。

防骗指南

(1) 不盲目轻信

许多人喜欢贪图小便宜，所以，会在接收到这样的电信电话或短信时，觉得是自己幸运，被利益冲昏了头脑，自然就会上当受骗。要树立正确的价值观、金钱观，不要轻信来历不明的电话和手机短信，不给不法分子设圈套的机会。

(2) 不透露

巩固自己的心理防线，无论什么情况，都不向对方透露自己及家人的身份信息。如有疑问，可拨打 110 求助咨询。

(3) 不转账

保证自己银行卡内资金安全，不向陌生人汇款、转账。

（4）信息要核实

如果接到类似的手机短信或电话，一定要仔细核对真实信息，以免上当受骗。

（5）真伪要辨别

要仔细核对，分清真假，现在网络上也有很多假信息。

（6）知识要积累

和家里人或者是身边的人一起分享这些诈骗信息，自己也能获取一些有价值的信息，以便提高警惕。

（7）报案要及时

上当受骗或听到亲戚朋友被骗，要立即报案，并提供骗子的账号和联系电话等详细情况，以便公安机关开展侦查破案。

九、网络婚恋、婚托诈骗

婚恋类诈骗在近年来为何发生的次数越来越多？首先是婚恋观和婚恋方式转变，潜在受害人群越来越广泛。随着人们婚恋观和婚恋方式的转型，一些感情受挫又事业小成的人更加愿意追求情感世界的交流沟通，不少犯罪分子正是利用了其在婚姻中的情感缺失，对其展开"情感攻势"以达到骗取物质利益的目的。另外，随着工作压力增大、生活节奏加快，"剩男剩女"大量增加，也给了一些心怀不轨之人可乘之机。

相关行业的监管缺失也导致容易滋生婚恋诈骗。在相关诈骗案中，网络或者婚介所是不少人认识的平台，但是在平台上发布的征婚交友信息却难以做到被悉数核实，有的甚至根本不进行核实。借助这类婚恋平台，犯罪嫌疑人轻易就能发布用虚假身份编造的征婚交友信息，一旦案发，由于相关身份信息均为虚假的，案件的侦破度也比较大。

除此之外，在婚恋交友中，受害人对对方不进行身份核实，防范意识较为薄弱也是此类案件发生的重要原因。

第二章　网络传销、招聘和婚恋诈骗

现如今大龄剩男剩女已成为一个严重的社会问题。每个人都憧憬着自己的另一半能够事业有成，外貌出众。正是因为如此，网络婚介因为便捷的特点，也成了一个为众多单身男女青年提供交友的平台。然而，一些心怀不轨的人，也将其视为一种敛财的"好机会"。"婚托"诈骗也由此诞生，并有持续增长的趋势。

诈骗案例

- 征婚网客服诈骗。

在征婚网站上填完资料后，很快就会收到"美女"发来的"秋波"，暗示想进一步交流。而后，在网站"红娘"的花言巧语下，交纳数千元的会费成为正式会员。谁料想，所谓"美女"都是网站客服人员冒充的。

2016年，25岁的小王在公司宿舍上网时，看到一个婚恋网站。出于好奇，小王点击链接进入网站，并注册了会员。次日，当小王再次登录该网站时，就有两三个女孩给他发来"秋波"。之后，网站一名男性"红娘"给他打电话，说有几个美女想认识他。在介绍了这几个女孩的基本资料后，"红娘"询问小王是否满意。接着，就劝说小王升级为高级会员，可以直接与美女联系，还可以安排见面。

起初，小王并没有理会。之后，这位"红娘"又打了好几次电话。小王最终没有经受住诱惑，将2355元会费转给对方。成为高级会员后，当天晚上，小王就跟一个女孩聊了快两个小时。可是过两天，再想找这个女孩聊天时，发现网站已经打不开了。与小王有同样遭遇的人有很多。华某就因为邮箱里一封来自婚介网站的广告邮件，一时心动去注册。结果为了和理想中的女友见面，华某交了5548元，升级为高级会员。之后，发现上当受骗。

- 虚构富婆诈骗。

边某在业务来往中认识了年轻女子杨某，杨某采用张贴广告的方式称自己是一个富婆,年轻守寡,想找对象,一旦结婚,财产就可以分对方一半。单身男子李某听边某讲述后,首先通过边某与杨某取得联系,然后和杨某见面,一见面就动心了。为了表示诚意,李某拿出4000元,让她将广告撤掉。交往期间,杨某又以过生日、旅游等为由,从李某那里拿了3万多元。

• 邵先生花近万元也要不到女方的联系方式。

"有个女孩对你表示好感,向你发送了'秋波'。"在注册完某婚恋网站之后,家住湖北的邵先生几乎每天都能收到网站工作人员的来电。

27岁的邵先生还是单身,2016年7月初,他偶然进入一个婚恋网站,便随手填写手机号码进行了注册,没料到,还真"中了头彩",自己心仪类型的姑娘碰巧也相中了自己。

而在该网站,只能简单地用表情打招呼、发"秋波"等,如果想和对方对话,需要通过"爱情信使"服务委托红娘在中间进行传达,或者开通VIP会员可以发起在线聊天。

为了谈一场真心的恋爱,邵先生通过"爱情信使"服务告知该女孩,希望得知其真实的姓名、职业、所在城市等。女孩回复称,自己和邵先生位于同一个地区。邵先生将这一情况和红娘核实,红娘给出了肯定的答案。

"红娘还说,这个女孩都已经因为我开通会员了,希望我不要错过。"得知照片上清纯可爱的女孩竟然和自己在同一个城市,成功的概率似乎极大,邵先生便心动了,于是花费2999元开通了水晶会员。

恋爱刚谈了4天,女孩表示想要绑定"单线联系",即两个人单独对话,不会再收到其他人的示意和打扰。沉浸在爱河中的邵先生一口答应,随后便花费4888元绑定了"单线联系"。

然而,邵先生的情路似乎有些坎坷,绑定之后还不到一个星期,女孩又抱怨"你不懂我",要求邵先生和她一起开通"情感老师",而仅这一项费用就需要5888元,作为普通工薪阶层的邵先生没有马上同意,而是表示考虑一下。

第二章 网络传销、招聘和婚恋诈骗

最后，女孩以"叔叔生病"为由，便不再对其进行回复，整个过程，他没有要到女孩的联系方式，更别提见上一面。

女孩消失后感觉被骗的邵先生用百度识图对其头像进行识别，发现照片竟然来自网络红人图片。

防骗指南

首先，要选择正规网站，不要盲目地找一些不知名的婚介网站，在选择前也一定要仔细查询其是否为一个可靠的网站。

其次，单身人士一定要有正确的定位，切记不要因为那些"红娘"的花言巧语，就变得盲目，应保持冷静的头脑，更不要盲目向外"送钱"。

同时，正规的婚介所对会员的档案管理都很严格，在与会员签署合同时，都要求征婚者出示相关有效证件、填写登记表，每一位会员都留有证件复印件，在介绍相亲时都会拿出会员的详细资料。如果婚介所不拿出征婚者的相关证件和资料，那就一定要小心是否为诈骗。

另一类婚恋诈骗将受害人锁定为网友，利用各种借口见面后实施诈骗。

随便见网友早已经成了一种危险游戏。简单一顿酒食的消费额少则数百元、千余元，多则上万元，不少网友都吃过"酒托女"的暗亏。高额消费背后隐藏的是一条分工明确的犯罪链条。

"单身狗"网上被美女主动搭讪，而且真的成了男女朋友，这种事儿真是可遇不可求，有时候幸福来得太快，就像一阵龙卷风。"早知道以前就不该这么保守"，"结束单身很容易嘛"，网恋情侣在见面之前，网友们的心态常常如此乐观，可是最近很多网友反映的类似倒霉的经历，引起大家的热烈讨论，有些都变成了刑事案件。

诈骗案例

- 名为网恋实为酒托诈骗。

单身男青年小黄在网上认识了一个姓杨的外地女生。加了好友后两人就开始聊天,谈得很投机,很快就确定了"网恋"关系。七夕节这一天,喜出望外的小黄特意请假来到杨小姐所在的城市与她见面。

在杨小姐的提议下,小黄答应在一间茶社约会。小黄很客气地请对方点单,杨小姐随后点了两瓶红酒和一份套餐,后来又加了一瓶红酒。

结账前,杨小姐以上洗手间为由离开了,可是拿到账单的小黄却大吃一惊,没想到套餐加红酒的总消费额竟然高达8000多元!小黄赶紧打电话给杨小姐,可是杨小姐的手机莫名其妙地关机了。茶社工作人员告诉小黄,他们所点的两瓶红酒是世界名酒,每瓶价格要2000多元,而且他们表示,并不认识杨小姐。

小黄感到自己被骗了,随即报了警。警方根据小黄提供的信息,核实了这位杨小姐的身份,发现此人的身份信息是假的。

- 系统化的"酒托"诈骗。

纵然有精心设计的骗局,犯罪分子依然无法逃脱法律的制裁。2015年5月,某市人民法院就公开宣判了一起"酒托"团伙诈骗案,18名被告人分别被处有期徒刑4年10个月至有期徒刑11个月不等的刑罚,并处数额不等罚金。

2014年5~6月间,民警多次接到被害人报案,称被人以网友见面的方式约至茶楼,然后被骗取高额消费或者被强制消费。

公安机关接报后遂开展调查,很快锁定了高某等18名犯罪嫌疑人,并陆续将其抓获。

经查,在短短两个多月的时间里,以高某为首的"酒托"诈骗团伙共对21名被害人实施了诈骗,诈骗数额合计达到6万余元。

第二章　网络传销、招聘和婚恋诈骗

据了解，此类"酒托"诈骗团伙内部往往有着细致的作案分工。本案中，被告人高某首先分别承租下一家咖啡店和茶楼，作为实施犯罪的场所，又招揽多名"头目"，由"头目"组成各自的小团队具体实施诈骗。每个小团队由"键盘手""服务员""保安"和女性成员等组成。"头目""键盘手""服务员""保安"以及女性成员之间各司其职、协同配合，诈骗金额则按照约定比例分成，俨然成为一条严密的犯罪链。

防骗指南

（1）保持头脑冷静，网络交友需谨慎。

（2）注意观察，如果发现约会时对方想方设法点酒或点套餐的时候应警惕。

（3）消费时非一次性买单，而是一消费就要刷卡结账，被骗的可能性极大。

（4）点酒的时候如果看不到酒水单，或酒水单一直在对方手里，不要轻易点。

（5）一旦发现被骗，如果可能，索要并保存好消费单据，并及时报警。

十、网络征婚

网络征婚诈骗是指通过网络交友、相亲网站、编造"高富帅"或"白富美"等虚假身份，与受害人进行网络交流，在骗取对方信任、确立交往关系后，选择时机提出借钱周转、家庭遭遇变故等各种理由，骗取钱财后便销声匿迹。

（1）征婚信息：骗子会在各征婚交友网站注册，填报虚假信息，通过家境优越、有房有车等较佳的经济条件来吸引异性,并在与异性相约见面过程中通过各种手段极力证实其身份的"真实性",博取受害人的好感。

（2）讨好受害人：获取受害人的初步信任与好感后,以各种方式进一步迷惑、讨好被害人,为最后的诈骗工作做准备。

（3）借钱：以各种理由向受害人借钱,实施诈骗行为,并消失踪迹。

诈骗案例

- 团伙网络征婚诈骗。

犯罪团伙利用网络征婚诈骗婚恋对象的财物。他们先后在多个婚恋网站注册,以恋爱交友为诱饵,花言巧语勾引外地女生或男生,待对方上钩后,谎称他办的公司要开张了,让对方送屏风、花篮等致贺,随后又谎称某天去探望对方与之约会见面,过一天又说半路出了车祸正在医院抢救,让对方把大额钱款汇入他的银行账号,以此诈骗对方钱财,一旦钱款到账便断绝联系。

- 冒充国家公务人员通过网络征婚诈骗。

2016年10月19日上午,王小姐到派出所报案称,其于2014年通过网络征婚认识一名李姓男子,该男子自称市里某部门公务人员,目前单身。两人交往一段时间取得信任后,李某对王小姐表示其可以利用股票投资挣钱,希望王小姐能借1000万元作为启动资金。爽快的王小姐便向李某账户分两次打了1000万元。事后王小姐发现李某并不是所谓的公务人员,随即发现被骗了。

- 以恋爱交友为幌子实施诈骗。

小宋在一个婚恋网站上注册了个人信息,希望能找到真爱。很快,他便在网站看到了一位让自己心动的女生。一个网名名叫"睛睛"的女孩主动与小宋打招呼,她在郑州一家会计师事务所工作,月薪六七千元。看到晴晴在网上发的照片青春靓丽，小宋以为自己撞了桃花运。

随后几天，两人的感情迅速升温，不仅相互留了手机号、微信号等通信方式，还每天通过网络互动聊天。晴晴的温柔体贴迅速打动了小宋，两人很快明确了恋爱关系，开始以"宝贝""亲爱的"相互称呼。接下来的几天，晴晴对小宋说自己在一个网店看到一款情侣手表十分不错，并把男款手表拍了下来，给小宋快递过去。小宋很快收到了晴晴的爱心礼物，被深深感动的他立即在该网店以3000元的价格将女款情侣表拍给了晴晴。接着，晴晴开始频繁向小宋要礼物，一会儿是每盒1900元的进口高档巧克力，一会儿是出席重要会议需要的价值万元的高档皮包，接着就是以家人生病、信用卡透支等为理由向小宋要钱。在晴晴的请求下，小宋将父母辛苦攒下给自己结婚买房子的14.9万元全部给了她，可竟然还没见到晴晴本人。

两人交往三四个月，晴晴从来没有和小宋进行过视频聊天，但隔三岔五的几次电话却让小宋深信不疑。不久后，两人的感情达到高峰，晴晴的父母还分别与小宋通了电话，对两个人的交往十分满意，准备到郑州见一见小宋。小宋也急着见晴晴本人和她父母，但多次要求去和晴晴见面时，晴晴总是以出差、陪领导应酬等原因拒绝。后来晴晴干脆不和小宋聊天了，小宋这才意识到自己可能被骗。

• 女生冒充空姐诈骗。

2014年初春，在山东潍坊某高校读大一的刘莉通过QQ认识了在临沂市河东区打工的江明。聊天中，刘莉自称家是淄博的，在潍坊某高校航空服务专业就读，毕业后要去当"空姐"，还给江明看了自己的照片，江明对刘莉一见倾心，于是在网上对她展开了激烈的追求。聊了一段时间后，两人成了"男女朋友"关系。

两人"老公""老婆"称呼着聊了一个多月，刘莉跟江明说自己和父母闹矛盾，父母不给自己生活费，都吃不上饭了，说到伤心处，哭得梨花带雨。江明哪见过这阵势，顿时怜香惜玉之情泛滥，立即给她打过去几百元，而且以后的每个月都给她打几百元生活费。

话说刘莉，家庭并不富裕，但是父母抱着"穷养儿，富养女"的态度，对女儿颇为溺爱，刘莉自小过着"衣来伸手，饭来张口"的生活。随着年龄的增长，刘莉对物质的追求越来越强烈，高档化妆品、时尚衣服、高端手机都成了她追逐的对象，父母每个月给她1000元生活费，加上江明每个月打的几百元，渐渐地也满足不了她的需求。

2015年，刘莉跟江明说自己要参加培训，每个月需要几千元。这时，江明犹豫了，虽然他们在网上聊得火热，但毕竟连面都没见过，以前每个月给几百块还能承受，现在要这么多钱，自己把工资金给她都不够。刘莉感觉到江明开始动摇，便又注册了个QQ号加江明，自称是刘莉的妹妹，告诉江明刘莉是多么多么爱江明，如果不参加培训，刘莉的"空姐"梦就要破灭了。憨厚的江明再次选择相信刘莉是真的爱自己，并且会跟自己结婚，于是把自己每个月的工资几乎全都给了刘莉。这期间，江明去潍坊要求见刘莉，刘莉说自己在封闭式培训走不开，拒绝了他。之后，江明又多次要求见面，刘莉均以培训、上机实习等理由推托。

到了2015年年底，刘莉胃口大开，以去美国培训、上机学习等理由，张口就要10万元钱。这对江明来说简直是天文数字，但想到两个人一路走到现在不容易，等明年刘莉毕业，他们就能永远在一起了，于是，东拼西凑了10万元打给了刘莉。

2016年上半年，刘莉称自己正式成为"空组"，在美国等国家的飞机上实习，需要考证件，又让江明分别往自己卡里打了8万元和5万元。此时的江明已经负债累累，筋疲力尽，他再次怀疑起自己"空姐"女友的真实身份来，想起刚开始聊的时候，她发过自己的身份证号，上网一查，发现身份证上的名字不是刘莉，而是一个姓徐的女子，身份证上的照片和她发给自己的照片也不一样，这才意识到自己被骗

第二章　网络传销、招聘和婚恋诈骗

了，于是选择了报警。2016 年 8 月，刘莉在淄博市自己家中被抓获归案。

- 网恋被骗 10 万元。

2015 年 4 月，张某在网上添加了一女性好友"菲儿"，菲儿自称是日籍华人，在某大公司上班，两人很快确定了男女朋友关系。在交往了一个月左右，菲儿便以各种理由开始向张某借钱。最开始是充值游戏点卡，后来是"请同事吃饭忘带钱包""手机丢了，还没发工资"，最多的一笔是称自己遭遇车祸住院，张某汇给她 1 万元。张某一次次给对方账号汇款，一年时间总计近 10 万元。菲儿向张某提出要借款几万元，张某因实在拿不出这么多钱便拒绝，之后张某渐渐感觉菲儿对自己越来越冷淡，这才起了疑心。

- 男子因轻信网恋对象进入博彩网站被骗数十万元。

2015 年 10 月初，年逾 40 岁、事业有成的梁某在一家婚恋网登记注册。随后一名自称钱某的女子主动与他联系，对他表达"好感"。梁某查看钱某的简历，对方刚满 27 岁，在南京工作。梁某觉得钱某条件不错，便加了好友，互留下联系方式。随后钱某传给梁某几张自己的生活照，梁某见钱某面容姣好更加喜欢。在进一步接触中，梁某感觉钱某对人温柔体贴，两人的关系也日渐稳定，很快便到了谈婚论嫁的地步。

在闲聊中，钱某给梁某推荐了一个理财博彩网站，并称该网站采用时时彩玩法，没有风险，购彩票就可以赚取利润，并称已在网站赚钱，并截图给梁某看她的收益。梁某听后，抱着试试看的想法注册了账户，在钱某帮助下先期投入 1000 元购买彩票，次日，钱某发来截图称梁某两次中奖，账户变 1500 元。梁某惊喜之余，更加喜欢钱某。没过多久，钱某称已将两人恋情告知父母，为证明梁某经济实力，希望梁某将更多资金注入博彩网站。梁某未多想先后数次共汇入账户 50 余万元。

2015 年 10 月 11 日，梁某突然发现博彩网账户金额为零。联系钱某，其称并不知情，并催促其继续往博彩网站注入资金。此时，梁某冷静下来，仔细回想每次提出与钱某见面，她总是推托，连语音、视频聊天都以不方便为由婉拒，至今未见过真容。

梁某越想越觉得可疑。10月12日，梁某报警。接到报警后，警方成立专案调查。经大量侦查取证，一个湖北籍犯罪团伙进入侦查员视线。

据了解，该团伙于2015年6月在武汉成立了网络科技公司，以博彩网站为平台，用高额回报诱骗事主到此网站注入资金，参与彩票赌博项目。在诈骗梁某得手后，该团伙于11月初搬离原处，继续从事网络诈骗活动。

该团伙的基本诈骗手段为两种，一种利用交友网站等社交平台，编造虚假身份信息骗取"朋友"信任，引诱"朋友"进入博彩网站购买彩票实施诈骗。另一种是在社交平台广发信息，以理财大师推荐理财产品为诱饵，吸引"朋友"注入资金购买彩票，并向"朋友"截图提供虚拟获利账户信息引诱"朋友"，骗取钱财。

经警方初步审查，犯罪嫌疑人徐某等13人对实施网络诈骗的犯罪行为供认不讳。据嫌疑人供述，2015年6月，徐某等4人招募多名社会人员组建网络诈骗公司，以博彩网站为平台，诱骗事主参与时时彩赌博项目实施诈骗。博彩网站根据事主投资的金额按比例"返利"到徐某账户，徐某再将"收益"分配给其他"股东"和团伙成员。

10月初，团伙成员刘某冒充钱某骗取梁某信任，诈骗50余万元后，打算继续从事诈骗活动，没想到刚"开张"3天，就被民警抓获归案。

经警方初步核实，被该团伙诈骗的人员有40余人，诈骗金额60余万元人民币。目前，徐某等13名犯罪嫌疑人已被警方刑事拘留。

防骗指南

征婚网站发信息，优越条件不靠谱；碰到借钱需谨慎，不然自己终吃亏。

充分了解骗术的一般展开过程。

（1）首先是主动出击，物色容易行骗的对象，当感觉到对方是那种思想比较单纯的人，就把自己在交友网站上的注册信息删除。

（2）把自己的大量照片发给对方。如果仔细看，会发现这些照片都被裁剪过，照片尺寸非常狭窄，估计是把他身边的人裁掉或者把照片的日期裁掉。对方收到大量的照片以后，一般就很容易相信他了。

（3）每天邮件来往。例如，刚开始的一两封邮件还讲述了他的一些身世：他父亲做生意，很有钱，后来去世，他继承父业，后来他把生意外包给其他人，他到了壳牌（Shell）公司承包石油管道工程，于是到了美国。由于经常在外面出差，第一个老婆跟别的男人跑了。还有个小儿子跟他一起生活。他希望找个亚洲女人做老婆，一起度过后半生。之后的邮件就没有任何实质内容了，无非就是反反复复地表述自己会爱对方直到永远之类的誓言。

（4）双方取得信任后交换手机号码，骗子每天打2～3个电话给对方，早请示晚汇报，"我很想念你""我很爱你"，无非如此，没有什么实质的内容。还有就是比如告诉对方，他已经把两人的婚事告诉他的老母亲了，他父亲去世了，他需要照顾老母亲。他母亲很高兴，希望早日能见到未来的中国媳妇。事实上中国人尊重老人这一点也被国际征婚骗子利用上了。

（5）开始阶段基本上看不到任何破绽。如除了让人觉得感情进展得好像有点太快了。但是受害人以为也许老外就是这样直来直去，所以，也不着急下结论了。

在了解了此类诈骗的一般展开过程后就比较容易判断出自己是否被骗，并采取必要措施了。

第三章 电子商务诈骗

一、第三方支付

欺诈方式会根据销售渠道的不同而变化，而很多企业都在努力实现多渠道销售让欺诈预防难度更大。通过第三方平台进行的欺诈交易，欺骗性较强，因为人们对第三方平台信任；接着是移动端交易和自主站交易。

第三方支付就是我们一般所说的非金融支付机构，是一些和产品所在国家以及国内外各大银行签约，并具备一定实力和信誉保障的第三方独立机构提供的交易支持平台。

第三方支付平台主要有两类：一类是以支付宝、财付通为首的互联网型支付企业，它们以在线支付为主；另一类是以银联电子支付、快钱为首的金融型支付企业，侧重行业需求和开拓行业应用。

【诈骗案例】

• 周女士被骗 7800 元，骗子通过第三方平台立即转移取现。

2016 年 6 月 10 日，周女士在肯德基享受周末时光时，一条 QQ 验

第三章 电子商务诈骗

证消息跳进手机："小周，我是阿文，记得我吗？"看看对方昵称和头像，周女士想起了这位在泰国的"朋友"。

"原来这朋友换了新QQ号"，周女士没有一点怀疑，添加了好友。无事不登三宝殿，简单问候后，阿文表明来意，称有急事要回国，但外币无法直接购买国内机票。"我先将所需7800元机票钱用泰铢折算后转给你，然后你转人民币给我可以吗？"

几分钟后，对方发来一张截图。周女士看到这是一张普通的银行转账截图。图片中写着"对方已收到您的7800元款项"，下方是付款账户和收款账户信息。阿文告诉周女士："到账可能会需要一点时间哦。"

周女士一看转账状态成功，心里就踏实了。紧接着，她就通过支付宝，将7800元转到对方指定的银行卡。可是等了很久，始终等不到相应的7800元到账，周女士方觉被骗，遂报警。市反诈骗中心接到报警后，启动紧急止付，可钱已经被诈骗嫌疑人转走。

• 网上淘宝小心第三方诈骗。

柯小姐在淘宝网找到卖家"shihan＊＊＊"购买网上手机充值服务。对方称，100元面值的充值卡仅需88.11元，付款后3分钟到账，并发给柯小姐一个充值链接。柯小姐给手机充200元话费，并通过支付宝支付了176.22元。

随后，"shihan＊＊＊"提示柯小姐，付款后到"我的淘宝"查看卡密（充值卡密码），并发过来另一个链接地址让柯小姐输入手机号码和卡密。然而，完成以上步骤后过了10分钟，柯小姐的手机仍然没有获得充值。柯小姐感觉不对劲，想联系"shihan＊＊＊"，但对方已经离线。

柯小姐重新打开游戏点开充值页面，才发现页面显示的卖家并不是"shihan＊＊＊"，而是另一位叫"流星数字"的卖家。柯小姐向"流星数字"索赔，但对方称不认识"shihan＊＊＊"，而且游戏点卡已经出货，无法退款。

无奈之下，柯小姐致电淘宝客服热线。该客服称，柯小姐遭遇的是第三方诈骗。"shihan＊＊＊"利用盗来的账号出售手机充值服务，同时暗地里向"流星数字"提出购买游戏点卡,并且把游戏点卡的充值链接充当手机充值链接发给柯小姐,骗柯小姐为其支付点卡的费用,得手后便迅速销声匿迹。

- 骗子借助第三方支付平台,王某被骗 4350 元。

王某是河南人,在宁波打工,平时喜欢玩网游,经常将游戏里的号练到高级后再卖掉。

2014 年 12 月,王某想卖掉《天龙八部》里的一个游戏账号。12 月 16 日晚上 8 点多,他在游戏里看到有人在"吆喝"高价收购游戏账号,并留下了联系 QQ。王某加了此人 QQ 后,商定以 500 元的价格卖掉自己的账号。

对方发给王某一个交易平台的链接网址,表示这交易平台程序少、交易方便。王某点开网址,按照要求注册了一个登录账号,填写了自己的身份证号、游戏账号、工商银行卡卡号、手机号码(与工行卡绑定)等详细信息。过了一会儿,一个自称为网站"客服"的 QQ 号联系王某,表示首次交易,需交 500 元的保证金,并发过来一个支付链接,"验证之后就会把 500 元保证金和卖游戏账号的 500 元一起打到你账户里"。王某就点击链接并通过网银支付了 500 元。

第二天下午 1 点,有客服打电话给王某,表示可以从交易平台提现了。晚上 7 点,王某登录平台的网址,看到账号里多了 900 多元,明细里显示其中扣除了几十元的手续费。王某准备进行提现操作,网站却提示出现网络故障,网站的登录账号被冻结。

王某立刻联系"客服",对方相告,想拿到钱,得先交 1850 元升级成为网站的 VIP 才能解冻这笔资金。王某有所警惕,没有再次充值。但随后"客服"表示,也可以通过第三方支付平台退款。并通过花言巧语骗走王某的银行卡密码和第三方支付平台发在他手机上的校验码。

12 月 18 日早上,王某手机收到 4 次短信,内容都是工行的扣款信息。他这才发现,一夜之间,自己的工商银行卡分 4 次被人划走

第三章 电子商务诈骗

3850元。加上保证金500元，这次卖游戏账号，共损失了4350元。王某顿时傻眼了，赶紧报警。

防骗指南

（1）在交易过程中要确保交易双方的真实身份，不能因为是支付宝就可以进行担保交易。

（2）希望广大买家和卖家提高警惕，严格执行第三方交易平台的流程，以防范类似的第三方欺诈风险。

（3）第三方平台有责任提高POS机门槛。

近年来，随着第三方支付市场的发展，支付、结算工具的推陈出新，犯罪分子也在不断改变诈骗钱款的流转方式。由于第三方支付机构申请方式上更便捷、赃款转移更隐蔽、赃款套现更快捷，同时作案地点突破地域限制，受到骗子青睐。其中POS机是值得关注的一点。目前，市面上存在一些非正规渠道获得的POS机，也会在交易的过程中存在将钱骗走的可能。要提醒第三方支付平台，担负起社会责任，不要一味为了追求市场占有率而大肆发行POS机之类的产品，应提高申请门槛。

二、交易"卡单"圈套

"卡单"，起源网购词汇，是网上骗子的一个"忽悠"新手买家的词。骗子假借网商卖家身份，与受害者达成交易，受害者通过网银付款后，骗子假称系统问题"卡单"，要求受害者重新付款，从而实施诈骗。实际上各大购物网根本不存在所谓的"卡单"说法，更没有这么一回事。

诈骗案例

• 李女士险被淘宝"卡单"欺骗。

李女士网购上衣，与店铺卖家进行交谈时，卖家旺旺显示客服不

093

在线，请与QQ客服联系。一番商谈后，该卖家发给李女士一个支付链接。可等到付款后她再返回淘宝网查看"已买到商品"时发现"已买到商品"一栏根本没有刚才买下的衣服，更没有付款记录。

卖家表示，李女士操作超时，导致"订单卡住了"。遇到这种情况，她应该按刚才的操作步骤再进行一次付款，才能把"卡"住的底单抽取出来，货款会退还到网银卡中。随后，该卖家多次发"卡单"截图催促李女士再次付款。李女士拨打淘宝网客服热线核实，工作人员表示，淘宝网没有出现过"卡单"这一说法，而卖家一旦拍下商品后，不管是否支付货款，"已买到商品"内一定会有记录。值得警惕的是，不法分子会找各种借口要求买家通过QQ进行交谈，以规避查处。

- 小李"双十一"淘货被骗1.5万元。

2015年11月12日，小李接到一位自称是"店家"的工作人员打来的电话：由于"双十一"交易量火爆，她下的单没有成功付款，已经转为异常处理，所以需要她提供付款验证码。直到对方说出她的名字、订单号及所网购的衣物后，小李才将QQ号告诉对方。

添加为好友后，小李根据对方提供的网址，点开了链接，订单确实显示为付款不成功。小李按照对方的要求重新操作付款流程，但由于支付宝绑定的银行卡是她母亲的，第一次操作并未成功。无奈，小李给远在丽江的妈妈打电话，重新绑定了一张银行卡，这才成功了。此时，小李并不知道，妈妈的账户已被骗了5000元。

11月13日，小李又接到了"店家"的电话，"店家"告诉她还是未支付成功，需要她再次提供付款验证码。虽然付款未成功，但相信她的人品，所以提前给她发货了。小李打开订单一看，果然订单信息已变成"已发货"状态。这一天，银行卡上又被刷了近5000元。

11月16日，"店家"又给小李打电话，问是否收到包裹，还决定送一条围脖给她，但又让她提供此前的付款验证码。就这样，李妈妈卡里的钱又被刷了5000多元。3次总共被骗走1.5万元。

第三章 电子商务诈骗

- 小熊网购被"卡单"诈骗4500元。

2015年2月下旬的一天下午，小熊在淘宝网上买了一个书架，用支付宝支付了60元。当天下午6点左右，小熊接到一个陌生电话，对方称，小熊在淘宝上买书架时因为网站系统升级，订单出现问题，需要办理退款，重新交易。

随后，对方通过QQ与小熊联系，并且发来一个"退款网站"。小熊进入"退款网站"，在对方的示意下，输入支付宝密码。之后小熊收到一个验证码并输入，没一会儿，小熊的手机就收到一条短信，银行卡里4500元被消费支出。小熊这才意识到被骗，立即报案。

- 刘小姐网购被"卡单"诈骗170元。

2015年圣诞节前，刘小姐在淘宝网上购买了一款家居用品，突然接到自称该淘宝某店铺工作人员的电话。对方表示，由于圣诞节期间网购人多，淘宝系统升级出现故障，刘小姐的这单交易出现了"卡单"现象。需要刘小姐关掉淘宝页面，直接去他们的网店网址内下单，尽管刘小姐还没听说过交易"卡单"这种情况，可担心这款限时打折商品很快售光，还是按照"客服人员"所说的去做。

该"客服人员"称，"卡单"的原因主要是"旺旺"系统超负荷，建议刘小姐关掉"旺旺"，并加刘小姐为QQ好友，传给了她一个网址链接。考虑到自己电脑的病毒防火墙都开着，刘小姐便放心打开了该网址链接。在该网页中，刘小姐找到了自己刚刚挑选的那件用品，便通过自己的网银支付了170元货款，但这时，QQ中的该网店"客服人员"又马上表示，货款支付也出现"卡单"，需要刘小姐重新支付一次，可刘小姐检查自己的账户余额发现，170元已经从账上成功划走。这才发觉自己可能中了圈套，连忙终止和对方的联系。

防骗指南

淘宝交易不存在卡单、订单失效等情况，如收到此类信息，不能相信。

三、团购陷阱

网络团购，是指一定数量的消费者通过互联网渠道组织成团，以折扣购买同一种商品。其根本特征就在于借助互联网的凝聚力量来聚集资金，加大与商家的谈判能力，取得价格上的优惠。随着全球服务业和互联网经济的不断发展与融合，网络团购行业得到了越来越多的消费者青睐。

逐渐开始有很多黑心商家和诈骗集团开始利用团购，引消费者掉入陷阱，骗取钱财或者谋取利益。

案犯主要有以下几种作案手段。

（1）在正规网址发布团购信息，以低廉的价格为诱饵，先履行一部分人的购买订单，后以货源紧张等理由迟迟不发货，卷款伺机逃匿。

（2）通过 QQ 或者互联网发布非法的"物美价廉"商品团购信息，待消费者将货款打入其指定卡号后遂关闭网站逃匿。

（3）通过手机短信，引诱消费者进入非法网站继而行骗。

诈骗案例

- 周女士使用团购券被骗，"馅饼"变"陷阱"。

南京周女士在一家团购网站上看到自家附近一家火锅店有团购活动，团购 88 元即可获得一张价值 100 元的代金券。更诱人的是所购买的团购券使用中无须预约、周末通用、可叠加使用，而且还可免费使用包间。

面对这样的优惠，周女士毫不犹豫地下了单。不久她约了几个朋友，准备去这家火锅店小聚。为了能有一个安静的就餐环境，周女士用餐前还特地向店家支付了 200 元订金，并预约了一个包间。

第三章 电子商务诈骗

为了防止使用团购券的过程中发生消费纠纷，点餐前细心的周女士又和服务员确认了是否可以使用团购券消费，服务员在给予了肯定的答复后告诉她，可以先用餐再根据实际消费金额团购，以免浪费。

但是令周女士没有想到的是，商家的态度在她结账时却来了个180度大转弯，收银员先是说周末不接收团购券，在周女士据理力争之下又辩解说由于她消费金额较高，已超过了可使用团购券数的上限，所以她只能使用一部分团购券，剩余部分仍需按照原价付款。

面对商家消费前和消费后的态度，周女士非常气愤，她认为商家的种种说辞均与其在网站上宣传的使用规则相违背，并且自己之前询问时服务员也没有告知使用团购券有如此多的附加条件，在交涉无果的情况下，她拨打了12315，希望借助消协的帮助维护自己作为消费者的合法权益。

- 王女士花2850元网购iPhone 6 Plus，到手后竟变5S翻新机。

王女士是一位网购达人，她已经有超过5年的网购经历。但即便有这么多年的网购经验，王女士还是被骗了。

2015年3月5日，王女士通过某社交软件认识了一位名叫"洪辉通讯"的朋友，对方表示低价出售各品牌手机。因为看到对方显示的是认证商家，王女士没多久便相信了对方，想给妹妹买一部手机。

王女士想着，2850元的价格能买到iPhone 6 Plus手机，这相当于天上掉馅饼啊。本来也有所怀疑的，但"认证商家"的字样彻底打消了她的疑虑，付了款，但等了几天仍然没有收货信息。

于是王女士再次与"洪辉通讯"取得联系。对方承诺一定将手机送到，结果又过了几天，王女士收到一个包裹，打开之后让她惊讶的是：自己购买的iPhone 6 Plus手机变成了iPhone 5S手机，并且没有任何发票或收据。更让她吃惊的是：通过苹果手机官方查询，这部iPhone 5S手机竟然是一部翻新机。

王女士再次去联系网友"洪辉通讯"时，已联系不上。

防骗指南

（1）消费者应从正规购物 APP 或网站上购买团购券。消费者在选择网站或者 APP 购买团购券时，应选择常见的、官方的、大众认可的网站或者 APP，不要因贪小便宜购买不知名的小众网站的便宜团购券。

（2）消费者在提交团购意向订单，或者电话咨询团购在线客服人员，尽可能详细了解对应商品的团购价格，确定是否参与团购。

（3）确定团购后，交纳订金。订金可自行到团购在线网站交纳或通知团购在线客服人员上门收取，现场团购则会将订金直接交给供货商家，顾客获得注明团购优惠政策的团购订单。

（4）顾客凭团购订单到指定销售点办理提货手续，或者直接电话通知商家送货。

（5）顾客验货付款，注意索要相关票据、质保书等。

四、网购秒杀

网购秒杀是网络卖家发布一些超低价格的商品，所有买家在同一时间网上抢购的一种销售方式。

抢拍与竞拍完全是两个概念，竞拍是看谁出价最高，而抢拍是价格固定，看谁先拍到，"秒杀"就是从"抢拍"过渡而来的词汇。从卖家角度来讲，利用抢拍这种销售方式可以让买家更有购买欲望，这是一些皇冠卖家惯用的招数，消费者一般没有时间去考虑自己要的东西是否实用，只是知道很多人都想要，那么就凭这个人气，他们就想去拼一拼，慢慢地，他们就习惯这种购买方式，把它当作了某种特殊的游戏，而非纯粹的购物。

第三章 电子商务诈骗

> 诈骗案例

- 王女士收到"免单秒杀"诈骗信息。

王女士收到一条天猫会员邀请进 QQ 群参加秒杀的短信。对此,王女士怀着质疑的态度询问周边多位朋友都未收到此短信。她抱着半信半疑的心态加入了该 QQ 群,群内每天抢"免单秒杀"的活动无法证实其真实性。

王女士决定向天猫官方客服电话求证。客服人员明确表示,天猫不会以任何方式提前公布"双十一"活动的细节问题,更不会用手机短信方式对会员进行营销或通知提醒。

王女士恍然大悟,这"免单秒杀"的信息原来是诈骗信息。

- 秒杀陷阱引热议,淘宝一元秒杀系骗局。

2015 年 12 月 10 日,陈小姐在中国国际航空票务网秒杀购买了广州到天津的机票,"本来打算网上支付的,但网页迟迟不跳出来,3 分钟后工作人员打电话来说把财务的账号发到我手机,之后就汇了 835 元过去,5 分钟后又打电话来说,我没有买保险,需要重新汇款 853 元,然后把 835 元返还给我。"

"我本来打算汇款的,对方工作人员又打电话来说我的身份证号码错了,后来我上去一看确实是错了。对方一直催着汇款,我怀疑不对,就要求退款重新再订,对方答应第二天解冻后就返给我。但是 12 日早上打电话,都是占线、关机。"

- 黄先生 199 元秒杀小米手机,却收到杂牌手机。

黄先生浏览手机网站时,跳出一个促销小米手机的网页。网页上写着"199 元秒杀能抢到一部价值 1999 元的小米 3 手机",黄先生被低价抢购的噱头吸引了,当即点击抢购,并支付 199 元。

原以为天上掉馅饼,可手机一到货,黄先生傻了眼:原来是一部外观和小米 3 差不多的杂牌机。黄先生觉得上当受骗了，多次拨打运单上商家的电话，但却都没人接听，当时支付的网页也已经打不开了。

- "双十二"购品牌被芯，到货后发现偷工减料大失所望。

2015 年"双十二"网购狂欢节，在电脑前守候多时的简先生终于抢到了一件心仪已久的"水星家纺"品牌被芯。一周后，被芯终于寄到，但却令简先生大失所望：这款被芯比实体店轻薄多了，且手感也比实体店的差一点。最后，简先生只能以"一分钱一分货"安慰自己，就此算了。

- 网购景点低价票券出游，票是假的，余额也没了。

2016 年 3 月初，余女士在网上秒杀了几张旅游景点的票券，准备和朋友一起去旅游。到了景点门口验证密码时，却被告知这些票券早已被验证过了。她用手机一查，发现连网上账号内的几百元余额都不见了。余女士怒火中烧，要求景点给予合理解释，随后又向工商局投诉。

防骗指南

（1）切莫贪图低价

避免在不知名的网站购买过低折扣的机票，以防受骗。同时，还需警惕仿冒官网的虚假网站或钓鱼网站，千万不要相信任何汇款支付要求。此外，最好给电脑装上杀毒软件，以防木马病毒的侵入，落入钓鱼网站的陷阱。

（2）消费者网购时合法权益受到损害的，可以向销售者或者服务者要求赔偿。若网络交易平台无法提供销售者、服务者的信息，也可以向其要求赔偿。

（3）选择有第三方平台的正规网站

消费者在网购商品时，要选择有第三方网络交易平台的正规购物网站，购买后尽量使用支付宝或者货到付款等支付方式。此外，不要轻易相信过分低价的商品，特别是"低价、秒杀、抢购"等字眼。对以超低价销售的商品要多留心，以免上当受骗。

（4）提高防范意识和维权意识

由于网购的买卖双方不是按照传统的"一手交钱一手交货"的方式进行交易，因此整个交易过程存在一定的风险。作为消费者，应提高自我防范意识和维权意识，谨防消费陷阱，尽量规避网购的风险。

（5）不随意点击卖家发送的链接

网购中买什么拍什么，不要随便点击卖家发过来的链接。不要在不明网站上输入账号及密码，尤其要注意支付密码的安全。

五、网购送储蓄卡

网购送储蓄卡，顾名思义就是在收到快递时，包裹里会有一张卖家送的银行储蓄卡。一些诈骗集团会运用这个手段，给消费者寄去不可用的储蓄卡，然后假冒"卖家"或者"银行职员"，用退款等原因引导消费者上当，最后取走消费者自己卡中的所有钱。

诈骗案例

- 小陈网购假货，商家送储蓄卡骗其转账。

小陈花了2000元网购了一部手机，但收货之后，发现手机竟然是假货，于是他就拨通了卖家的电话要求退货。对方说，包装盒内有一张"储蓄卡"，只要拿着它在银行ATM机那里按照他的指示做，就可以办理退货，单纯的小陈竟然信以为真。小陈将"储蓄卡"插入ATM机的时候，发现这张卡没用，不能进行操作。"卖家"让小陈拿出自己的银行卡进行操作，再通过电话给他报一串操作"交易码"。实际上，操作"交易码"就是一个取钱的步骤，输入以后受害者的存款就在不知不觉中从银行卡被转走了。

- 小李网购电视，卖家送储蓄卡骗走其卡内所有钱。

天津小李在某网站上选购了一台正在搞打折活动的电视，没想到收到商品时发现电视不但是二手的，还不能打开观看，另外小李发现在包裹里有一张储蓄卡，小李在网上找到商家，商家非常"诚恳"地道歉之后，说会退款给小李，可以打钱到送的那张储蓄卡上，谁知送的储蓄卡根本不能使用，小李只好拿出自己的储蓄卡，按照商家的流程进行操作。没想到看似退款，实则取走了小李银行卡中所有的钱，让小李后悔不已。

- 马女士贪图小便宜掉入卖家的储蓄卡陷阱。

山东马女士某天在浏览网页时发现某网站在进行超低价促销，抱着贪小便宜的心态，马女士在该网站买了近2000元的物品。

过了几天，当马女士收到包裹后发现自己购买的打折商品质量实在太差，有些食物类的商品甚至已经过期了。一气之下，马女士打电话给该网站客服，客服表示说可以给马女士退款，让马女士留意一下包裹中是否有一张商家赠送的储蓄卡，可以把钱打到这张储蓄卡上，马女士按照商家的指示操作，结果发现商家赠送的储蓄卡也是次品。马女士更生气了，因为一心想要拿回购物的钱，马女士当下没有想太多，拿出自己的储蓄卡，让商家把钱打到自己的卡中。不料，就在一番退款流程过后，马女士卡中的钱全部被骗子商家取走。

- 购物网站送储蓄卡返利，刘女士轻信。

山西刘女士发现一家网站在做活动，如果每个月在该网站一次消费满2000元，下个月可以定时返利50%。商家会赠送买家一张储蓄卡，返的钱会打入这张卡中。

刘女士觉得很划算，就在该网站购买了2000元的商品，当她收到包裹时，发现商家真的赠送了一张银行卡，更让她相信了该网站的返利活动。可是两个月过去了，刘女士发现自己并没有收到什么返利信息，当她把银行卡插入ATM机时，机器显示无法操作，问过银行工作人员之后才知道，这张只是看起来像银行卡的卡，根本就不能存取钱，刘女士这才发现上了购物网站的当了。

防骗指南

（1）理性分析

如果卖家不是跟某个银行有合作关系的话，为什么卖家会寄张储蓄卡给客户呢？这是一个很值得思考的问题，不能一味地听从所谓卖家的说法，要自己理性判断。

（2）选择正规渠道购买商品

不要轻信某些网站带来的小恩小惠，既然买了就应该选择正规的渠道购买正规的商品，才不会上当受骗。

（3）提高防范意识

每个人都应该加强、提高防范意识，只有加强自身的防范能力，再可恶的骗子才无机可乘。

六、客服退款链接

骗子首先完全掌握了受害者的网购信息，并通过准确描述受害者购物信息来取得受害者的信任，进而套取受害者的银行卡号、密码和短信验证码。骗子有时候直接用电话套取相关信息，有时也会让受害者打开钓鱼网站并手动填写相关信息。银行卡号、密码、验证码同时泄露，骗子就顺利地将受害者网银账户中的钱转走了。

诈骗案例

- 小王轻信"淘宝客服"退款链接，点击被骗5800元。

小王收到一条QQ消息，对方自称是淘宝订单客服，称小王在网上购买的衣服本来已经付款，现需要退钱给小王，如果小王不接受退款就要冻结小王的银行账户。于是淘宝客服发来了一条链接，小王害怕自己的银行卡被冻结，就点开了链接，并输入自己的银行卡账号和密码，结果被转走了5800元钱。

• "客服"假退款真诈骗骗走杨某90万元。

2016年4月3日，佛山杨某接到一个自称某网店客服打来的电话。对方称，杨某网购的衣服已发货，但因系统升级导致订单付款不成功。客服称，先退款给杨某，然后让其重新付款。

因为杨某确实在网上买了衣服，所以就没怀疑。杨某在通过QQ添加对方好友后，对方发来一条网络链接。根据链接，杨某进入一个显示"退款中心"的网页。此后，她按照网页要求，填写了网购账号和支付宝账号。填完后，网页转到一个需要输入验证码的页面。在填写相关信息后，杨某的退款验证码迟迟来到，但却收到了1条关于签约华夏基金的验证码、3条银行卡扣款验证码。瞬间，杨某卡内90万元分3次被转入所谓的华夏基金内，最大的一笔是50万元。此时，惊恐之下的杨某突然接到对方电话。对方称，由于杨某填写的资料与以往信息不符，导致其银行卡内90万元被冻结，不过杨某只要按照指示去做，这"丢失"的90万元就能找回。

在随后的"指导"过程中，对方分4次将20万元汇入杨某的银行卡内。见账户内的钱又陆续回来了，听信了骗子花言巧语的杨某插入银行卡，将卡内20万元转到骗子指定的所谓第三方账户。至此，杨某的20万元彻底"打了水漂"，落入骗子囊中。

• "客服"发链接退款，小玲被骗9300元。

靖江市小玲接到一个电话，对方自称是某网店客服，说她曾在店内买过一双鞋，但由于购物平台系统错误，交易未能成功，需要办理退款手续。之后，对方又让小玲加售后客服人员的QQ号码，联系退款。小玲仔细一想，自己的确在淘宝上购买了一双30多元的板鞋，一直没有收到货。因此，她对"客服"的真伪没有一丝怀疑，立即加了对方提供的QQ号。

小玲发现，这个QQ昵称为"客服168"的人非常热情。一阵寒

第三章 电子商务诈骗

暄后,"客服168"就给小玲发来一个链接,要求她将链接点开,然后按照提示一步一步将各项信息填好,包括姓名、身份证号、手机号、银行卡号,甚至还有银行卡密码。按照对方的要求,小玲很快填好信息。随后,她的手机上收到一个验证码,"客服168"就告诉她,这是她银行卡接收退款的验证码,小玲便把验证码告诉了对方。几分钟后,小玲查询银行卡余额,银行卡上不仅没多出钱来,卡内存着的9300元反而被洗劫一空。小玲立即打开购物网站,与在线客服联系后,对方表示根本没有和她联系过。直到此时她才意识到自己被骗了。

• "淘宝客服"要求退款,黄女士险被骗2000元。

合肥市黄女士是淘宝的老客户,日常的生活用品和服装大多都是网购。2016年9月12日凌晨,黄女士在家里通过手机在淘宝网购买了一件裙子。9月13日上午,淘宝信息显示卖家已经发货,就在黄女士等待收货时,突然接到来自浙江宁波的电话,一陌生男子操着南方口音,自称是其购买衣服网店的客服人员。男子说因为淘宝网支付系统在交易时出了点小问题,目前该笔交易资金已经被冻结,希望黄女士申请退款,退款成功后,再重新交易。

"客服"很客气,不停地向黄女士道歉。由于"客服"很详细地说出黄女士网购交易的时间、衣物信息,使得黄女士信以为真。对方要来黄女士的QQ号,称淘宝客服会通过黄女士的QQ发送退款链接。黄女士没多想,便把自己的QQ号发给了对方。

加完好友后,名为"淘宝客服"的QQ给黄女士发来一个网址链接,让黄女士根据提示进行操作。在"客服"的引导下,黄女士随后用电脑打开"淘宝网异常订单服务中心"的网页,按提示分别提供了个人姓名、银行账号和密码等重要信息。

就在操作的最后"输入验证码"步骤,黄女士收到银行发来的信息:"您现在正在付款2000元,付款验证码为××××××",看到银行短信,黄女士恍然大悟,所谓的"退款"是一场骗局,自己稀里糊涂差点被诈骗了2000元。

防骗指南

（1）网购成功后，客服不会提出要求退款

一般都会如期收到购买的物品，淘宝客服不会主动提出要求退款，一定要小心谨慎，提高防备意识，这很有可能就是一个骗局，多向亲戚朋友咨询，一旦被骗，请立即拨打110或向当地派出所报警求助。

（2）不轻易点开客服发来的链接

链接是骗子精心设计与目标网站非常相似的钓鱼网站，在钓鱼网站上输入个人信息都会被隐藏在背后的骗子所掌握。

（3）在网上购物时要提高防范意识

在网上购物时要提高防范意识，一旦接到"客服人员"的退款电话，要保持镇定，及时通过官网与卖家进行沟通。不要相信对方发来的任何链接，因为那些链接可能就是钓鱼网站，容易获取受害者的个人相关信息。此外，手机短信验证码相当于"一次性密码"，只要是陌生人来电索要短信验证码的，都是骗子，切勿相信。对于那些平时有网购习惯的，绑定的银行卡里尽量不要存太多钱，万一发生类似情况也可以减少损失。

接到类似电话，先保持冷静，不要轻易相信，一旦拿不定主意，可以拨打淘宝客服电话咨询或者联系警方核实。

虽然这种新型网购骗局迷惑性极大，但极易分辨，一旦遇到类似情况，应先联系网购的商家咨询具体情况，另外淘宝网联系退货不会通过阿里旺旺之外的聊天软件。一旦发现被诈骗，应该立即拨打110报警电话。

第四章 互联网金融诈骗

一、P2P 平台虚假投资标

P2P 即互联网金融，人与人透过网络平台相互借贷。P2P 理财平台上的"标的"往往让人眼花缭乱，数据显示有相当一部分问题 P2P 平台都涉嫌发布虚拟标、借款自用等行为，手段变化多端，实在让投资人防不胜防。

诈骗案例

- e租宝案例：涉案金额高达 700 多亿元。

e租宝是"钰诚系"下属的金易融（北京）网络科技有限公司运营的网络平台。2014 年 2 月，钰诚集团收购了这家公司，并对其运营的网络平台进行改造。2014 年 7 月，钰诚集团将改造后的平台命名为"e租宝"，打着"网络金融"的旗号上线运营。

2015年12月5日,"钰诚系"可支配流动资金持续紧张,资金链随时面临断裂危险;同时,钰诚集团已开始转移资金、销毁证据。数名高管有潜逃迹象。

为了避免投资人蒙受更大损失,2015年12月8日,公安部指挥各地公安机关统一行动,对丁宁等"钰诚系"主要高管实施抓捕。

从2014年7月"e租宝"上线至2015年12月被查封,"钰诚系"相关犯罪嫌疑人以高额利息为诱饵,虚构融资租赁项目,非法吸收公众资金,累计交易发生额达700多亿元。警方初步查明,"e租宝"实际吸收资金500余亿元,涉及投资人约90万名。

e租宝虚构融资项目,把钱转给承租人,并给承租人好处费,再把资金转入其公司的关联公司,以达到事实挪用的目的。

- 优易网案:60多名出借人被骗,金额高达2500万元。

优易网自称是中国香港亿丰国际集团投资发展有限公司旗下的P2P网贷平台,全称为南通优易电子科技有限公司。2012年12月21日,中国香港亿丰国际集团投资发展有限公司(下称"亿丰")发表声明称,亿丰旗下成员"从未有所谓的南通优易电子科技有限公司",同时,该集团保留对假冒或盗用集团名义的不法单位和个人采取法律行动、追究其法律责任的权利。当天(即2012年12月21日),优易网突然宣布"停止运转",网站无法正常交易,优易网的三名负责人,即缪忠应、王永光、蔡月珍便失去联系。当时有媒体评价,优易网涉案金额巨大,可谓网贷第一大案。此案直接涉案金额2551.7995万元,出借人受损金额1517.8055万元。受害者包括全国各地的60多名出借人。

- 旺旺贷案:P2P平台运营仅2个月就突然关闭。

2014年4月15日,旺旺贷突然关闭,客服电话无人接听,该平台运营仅2个多月的时间。投资者自发组织维权联盟,结果显示,到5月,已登记的受骗者有300多人,投资额度从几千元到百万元不等,总金额已近2000万元。

旺旺贷地址造假，横岗派出所民警对旺旺贷的地址进行过详细的核查，包括工商部门都去进行了调查，发现地址是假的；其次是担保公司造假，旺旺贷的担保公司为深圳纳百川担保有限公司。该公司成立于 2013 年 11 月 21 日，注册地为深圳市龙岗区横岗街道，据有关平台报道，该担保公司并不存在。

- 擅自运营 P2P 业务，互联网金融公司非法集资 180 万余元。

互联网金融服务公司在没有得到银监部门许可的情况下擅自运营 P2P 业务，为募集资金，该公司竟用员工的名义在网贷平台发布借款标，吸引投资者，5 个月涉案金额达 180 万余元。

2015 年 10 月 22 日，宝安公安分局石岩派出所根据前期掌握的线索，联合宝安经侦大队，对位于宝安区新安街道某大厦的一家互联网金融服务有限公司进行突击检查，将该公司 3 名涉嫌非法吸收公众存款的嫌疑人带回派出所调查。经审讯，嫌疑人梁某、胡某、陈某 3 人对利用 P2P 网贷平台非法吸收公众存款的犯罪事实供认不讳。据嫌疑人胡某交代，他是该公司的产品助理，负责发布借款标和平台推广工作，梁某是公司总经理，全面负责公司的运营、管理工作，陈某是公司财务，负责记账、报税和出纳。

该互联网金融服务公司 5 个月涉案金额达 180 万元，并不断地吸收资金用以借新还旧，这样的经营模式很快导致资金链断裂。目前，3 名嫌疑人已被警方依法刑事拘留。

防骗指南

一些虚假发布虚拟标骗局被揭穿了，但仍然有一部分正在秘密"演绎"，投资人要如何练就一双慧眼，一眼看穿标的的真实性呢？首先要了解虚假标的的产生途径，一般虚假标的有两种产生途径。

（1）源于平台：某些 P2P 平台为了募集资金，制造不真实的标的，以低成本吸引资金，再借给更高收益的借款人，以赚取中间的利差，这种行为容易产生庞氏骗局；另外，平台本身或股东借款自用，用于平台、股东的自有企业生产经营或偿还债务等，此方式属于平台自融，最可能发生平台卷款跑路现象。

（2）源于借款人：由于某些P2P平台风控水平低，对借款人身份信息核查不到位，导致借款人以不同身份在P2P平台上发布大量虚拟借款信息，多次向不特定多数人募集资金，用于投资房地产、股票、债券、期货等，有的直接将募集的资金高利贷出赚取利差。

虚假标的骗局层出不穷，投资人在投资前可以通过以下方法鉴别P2P标的的真实性。

（1）分析借款标的的真实性

信息在不泄露隐私的前提下要最大程度公开；借款人借款信息是否清晰；借款人的身份信息是否详细，如借款人的年龄、职位、收入及单位属性等一系列基本信息；借款人的身份信息是否可靠，平台是否能提供有效的材料与渠道证明平台所发布的借款人借款与身份信息都是真实可靠的。

（2）查阅资金担保情况是否公开

如项目经过小贷公司或担保公司担保，对应的小贷公司和担保公司资质要可靠，信息要公开，与平台关系要清晰；担保资金情况要公开，资金托管协议、银行查询账号都尽可能要公开。

（3）确认平台是否有资金托管方

一个平台是否有资金托管公司很重要，能在极大程度上避免平台自融的发生。资金交收要由有牌照的第三方支付公司托管（这一条是基础，不过也有好多P2P没做到）。

（4）考察平台借款审核过程的透明度

尺度标准要公开，手续和资料要严谨。平台提供的证明材料是否合法且有保障的，是否通过公证机构验证等。

二、虚假借款诈骗

在生活中,我们常常因为对于身份证重要性的错误认知,而贸然选择出借身份证。一些不怀好意的人拿到我们的身份证后就能开通网上银行,申请信用卡并进而做一些违法犯罪的事情,这些事件都会对我们造成很大的影响。

诈骗案例

- 借同学身份证贷款挥霍。

2015年12月20日,高校学生何某找到同学胡某,让胡某帮忙出借学生证、身份证等证件资料,申请小额贷款。何某承诺,贷款的钱不用胡某还。胡某想到同学一场就答应了。何某借用胡某的身份信息后,顺利地在网上办理了贷款业务,很快该网络公司将2999元贷款汇到以胡某名义注册的支付宝账号内,实际掌握该账号的却是何某。后何某对胡某谎称,业务办理失败,并将贷到的2999元钱转至自己的账号使用。

5天后,何某继续用胡某的身份信息,在另一家网络公司办理了分期买手机贷款业务,办理成功后,何某将手机卖了5000元,用于个人挥霍。

由于何某没有如期归还贷款,贷款公司找上门,胡某才知道何某利用自己名义贷款套现2万元未归还,于是报案。2015年10月30日,何某被抓。据他交代,最初是想用贷款的钱去理财赚钱,后来没有赚到钱,实在还不上债,走投无路,于是骗了胡某。

4月1日,江夏法院以诈骗罪,判处何某有期徒刑6个月,并处罚金2000元。

- 淅川一男子冒充多人身份骗贷近百万元。

2015年5月至2016年12月，李某以养殖为借口，先后分别使用本人及胡某等7人身份证复印件，冒用他人名义，多次采取欺骗手段从淅川县农村信用联社仓房信用社骗取贷款共计87.8万元，用于开矿和自己建设房屋。在淅川县农村信用联社仓房信用社派员催要上述贷款本金及逾期利息时，李某对信用社催收人员避而不见，并迟迟不归还所欠本息。

法院审理后认为，李某多次以骗取手段取得贷款，其行为已构成骗取贷款罪。淅川检察院指控的罪名成立，法院予以支持。

- 身份证外借引发的诈骗案。

2015年10月23日，家住裕华区的老何从储蓄代办点工作人员口中得知，家里的20余万元存款陆续被取走。老何妻子告诉他，从10月初至今，她分10多次给了邻居丁某20余万元。

原来，丁某与老何的女儿小青是同学，两家也是邻居。2014年底，经不住丁某的软磨硬泡，小青将身份证借给丁某，丁某分别在3家银行办理了信用卡，总额度3万多元。令小青没想到的是，丁某透支消费后一直逾期不还。到2015年8月，几家银行开始催促小青还款。老何妻子找到丁某，丁某却以正在筹钱为由拖延。由于担心女儿因此触犯法律，老何妻子只好替丁某垫付了欠款。

2015年10月初，丁某找到老何妻子，称可以把欠的3万多元还上，但要先花1万元把朋友的卡"解锁"才行。老何的妻子不假思索就把1万元钱交给了丁某。此后，丁某又陆续通过这种方式从老何妻子手里拿走20余万元。

2015年10月底，老何突然收到银行寄来的催款律师函，而欠款人竟然是自己的小女儿小萌。小萌患有精神疾病，生活起居也全靠家

第四章 互联网金融诈骗

人照顾,根本不可能办理信用卡,更别提使用信用卡进行消费。老何急忙向公安机关报案,裕华公安分局立即立案展开侦查,迅速将丁某抓获归案。

防骗指南

(1) 应谨慎保管好个人的身份证等重要证件,一旦遗失要尽快挂失补办。

(2) 对身份证复印材料要慎重保管,在使用复印件时,可以在上面注明时间、单位和用途。

(3) 不要轻易将身份证借给他人,不要轻易将个人资料透露给别人。在提供个人资料给对方时,最好向对方索要回执。

三、网络炒汇/炒金

国内期货市场"熊市"当道,黄金、白银、有色金属等期货品种大跌,炒家"做空"大赚一笔。而一些不法分子往往也会瞄准这一难得的机会,打着"金市寒流来袭"的幌子,忽悠受害人入市。

诈骗案例

- 重庆市破获一起涉案 3.4 亿元的"炒外汇"诈骗案。

2015 年年初,国内股市一片红火。见行情好,家住重庆市北部新区的李女士也投身股市捞金,但因缺乏专业知识,便在网上加入了一些经验交流的 QQ 群。2015 年 4 月,一网友主动加其为好友,在闲聊之际不时询问李女士炒股战绩,称自己有专家老师指导,可以在短时间内赚取高额回报,并截图展示自己的赚钱记录,还不时发布一些开豪车图片"露富"。见对方炒股经验丰富,赚钱又稳又快,李女士逐渐相信对方,进入对方推荐的视频聊天室"取经"。

在聊天室内,李女士受到了热情的接待,讲师每天都向其推荐股票行情及炒股技战法,并穿插讲解一些炒外汇的知识,细心解答李女士的疑惑。眼见老师们推荐的股票一天一个涨停板,外汇同样涨势凶猛,一天涨幅竟能达到60%以上,李女士对推荐入群的资深股民网友深信不疑,准备加入实战。虽有一些炒股经验,但李女士从未接触过炒外汇,按照老师所称的股市已处高位,下跌风险大,炒外汇涨跌均可买,而且收益更高、挣钱更快的指导,李女士将卡内50万元资金全部转入推荐平台。

在"老师"的指导下,李女士小试牛刀小有斩获,随即大量买入,但此次并未能预期上涨,短短10分钟,李女士便损失近10万元,询问得到的答复是近期市场波动大,运气不好正好遇上,建议李女士加入白金班,会有"专家级"老师进行指导,但入班门槛为资金达到100万元。为追回损失,李女士立即从股市内抽出50万元再次投入该平台。在炒外汇"专家"的指导下,李女士频繁买进卖出,但很快就发现平台账户仅剩下40万元不到。此时,李女士才意识到可能被骗,立即将剩下的钱转出并报警。

接到报案后,北部新区警方立即投入侦查,查询工商注册信息显示,李女士所操作的平台"厦门速汇货币兑换公司"注册资本为3000万元,在经营范围中并无"炒外汇"项目。随后两个月,民警辗转上海、江苏、浙江等地查询近千张银行卡交易明细和摸排诈骗公司运营情况,初步查明涉嫌参与诈骗的"江苏泽傲资产管理有限公司"和"南京富京号网络科技服务有限公司"(均为"速汇"公司会员单位)的涉案情况:"速汇"公司利用自己架设的内盘炒外汇平台,通过两家会员单位发展客户在该平台上进行外汇买卖,实际上,客户的钱根本

第四章 互联网金融诈骗

没进入国际市场,买进卖出只是电脑程序模拟的虚假交易,钱全进入了骗子的口袋。通过外围摸排,在掌握3家公司人员基本架构后,2015年8月中旬,北部新区警方赴江苏南京对两个诈骗窝点集中收网,共抓获以安某、柯某为首的犯罪嫌疑人57人。

- 一款"炒黄金"网络诈骗软件骗了2000多名"投资者"。

只要安装一个"炒黄金"的软件,每个月能获得丰厚的盈利,你信吗?浙江绍兴新昌的王女士信了,结果被骗走2万元。2014年8月,新昌警方摧毁了这个特大的网络诈骗团伙,160余名涉案人员悉数落网,受骗人数达2000余名。

2015年1月30日,王女士哭哭啼啼地走进新昌县公安局城东派出所。王女士是一名个体经营户,平日里爱好炒股。2014年年底,一名陌生男子给王女士来电,自称名叫"王伟",他向王女士推荐一款炒黄金的电脑软件,只要充点钱进去,每个月能保证20%~30%的盈利。

王女士心动了。1月9日,"王伟"赶到新昌,为王女士的电脑安装了一款名为"德胜金融"炒黄金的软件,并现场演练了"炒黄金"的过程,短短几分钟,"王伟"赚了一些钱。

随后,王女士在"王伟"的帮助下申请了"炒黄金"的账号和密码,委托"王伟"帮她操作。"王伟"临走时,王女士为确保安全,要求其留下身份证复印件。

2015年1月22日,王女士通过"王伟"往自己的"炒黄金"账号里充值2万元,并说5天后她需要用这笔钱。"王伟"当即承诺:5天后王女士不但能拿回2万元,还能赚不少。谁知,1月27日,王女士要取钱,"王伟"以各种理由推脱,到了1月30日,"王伟"告诉她,2万元钱在"炒黄金"过程中亏光了。王女士这才意识到自己上当受骗,立即报警。

在调查中,位于深圳的×××科技有限公司进入新昌警方的视线。该公司面向绍兴、宁波、杭州、长沙、福州等多个城市,利用"炒黄金"软件进行网络诈骗。

根据前期掌握的线索，2015年8月12日，新昌警方派出180余名警力，奔赴深圳、福州、长沙、杭州和宁波5个城市，对涉案的犯罪嫌疑人实施抓捕。

据了解，41岁的上海人潘某伙同徐某、吴某等人，在深圳、长沙等地，以开网络科技公司的名义，纠集钟某等100余人，以"炒黄金"的手段实施网络诈骗。

截至目前，新昌警方已抓获160余名涉案人员。据初步调查，该案涉案金额上亿元，受骗者2000余人，其中一名受骗者被骗数额高达75万元。

- 网上炒金，却遇到网络诈骗，几十万元打水漂。

40多岁的方女士是杭州萧山人，1月2日，她在上网时看到了一家专门操作黄金投资交易的网站。网页上打出的广告"一本万利""高回报"让她超级心动。

方女士决定拿出手头的5万元钱试试。她按照网站指定的交易平台把钱打了进去。过了几天，方女士看了看账户，多了2万元。钱来得这么快，方女士彻底相信了。

"投得越多赚得越多"，这是方女士当时的想法。于是，她隔几天就往平台里汇点钱，到1月23日，15万元都通过网银汇到网站注册的账户内。

"这么多钱投进去，应该赚翻了吧。"1月23日下午，方女士又准备进入网站看看。

但事情已经出现了变化，网站打不开，账户内的资金也提不出来。打客服电话、刷新网页，但一切尝试都是徒劳，钱已经没影了。

"可能被骗了。"方女士一下子意识到了问题的严重性，1月26日，她报了警。

被骗的还不止方女士，还有她的小姐妹张女士。当时，张女士听方女士说在网上炒金赚了很多钱，很心动，她也一口气拿出了近10万元交给方女士，委托方女士也帮她在网上弄弄，赚点钱。结果现在10万元也打水漂了。

3月5日，民警在安徽一小区内抓获了犯罪嫌疑人胡某。此时，胡某已经用骗来的钱买了一辆轿车。警方查明，他和另外一名犯罪嫌疑人前前后后骗走了多名被害人30余万元。

防骗指南

"地下炒金"公司往往以投资咨询公司、信息咨询公司的形式租用高档写字楼，宣称与境外一些知名金融机构合作，以此招揽客户开户炒金，同时以"手续少、门槛低、收益高"为诱饵。

另外，一些不正规的黄金期货公司都是打着外盘的旗号，客户看到的交易系统都是他们内部的系统，他们利用这个平台聚集客户资金，然后在自己系统里和客户进行对赌，客户做多他们就做空，客户做空他们就做多，以牟取暴利，同时还赚取手续费。客户刚开始操作时的盈利也是他们为了吸引新客户做的手脚。

因此，炒黄金（所谓黄金、外汇、贵金属交易等）一定要注意辨别虚假交易平台，避免上当受骗，尽量选择可靠、正规的平台操作，比如上海黄金交易所、上海期货交易所、天津贵金属交易所等的平台或者会员单位。

四、众筹诈骗

近两年，被称为互联网金融第三浪潮的众筹行业发展迅速，因其门槛低、投资金额小的特点，越来越多的人热衷于众筹这一创业模式。但是，这种模式主要是依靠投资者和创业者之间的诚信，目前并没有专门的法律进行保障。所以就有人钻这个空子进行违法犯罪行为，诈骗投资人的钱财。

诈骗案例

- 冒充上市公司股权众筹骗钱，一家公司吸金2亿元。

2015年11月，因涉嫌以"原始股"非法集资，上海优索环保科技发展有限公司原法人代表段国师被批捕，其炮制的假股票骗局骗取了上千名河南人的2亿多元资金。

上海优索环保科技发展有限公司利用其在上海某地方股权交易市场挂牌的身份，对外宣称为"上市公司"，并且宣布公司将定向发行"原始股"。这使得一大批投资人误以为这是一家潜在的"绩优股"企业而选择投资。

- 众筹建网购平台，男子入股被骗1.5万元。

2015年3月，在长沙做生意的杨先生入股参与了邻居的众筹创业项目，即投资创立了一个叫"聚米微品"的网购平台。双方还于4月9日签订了合作协议，约定了每月分红的比例、最低年回报。但是大半年过去了，杨先生却没拿到过任何回报，而邻居却失联了。

据了解，杨先生邻居创立的公司名叫米拉网络科技有限公司，并夸言说现在网购很流行，潜力大，回报率高。这个平台正处在发展阶段，以后将众筹300万元推平台上市。出于对邻居的信任，杨先生投资了1.5万元，却没想到都打了水漂。

- 利用"皇冠众筹"非法组织传销诈骗，40余人被骗。

2015年8月26日，山西忻州市警方一举破获了诈骗40余名受害人，涉案金额20余万元的非法组织传销、诈骗系列案件，抓获了犯罪嫌疑人孔某。

犯罪嫌疑人孔某自2014年12月开始就在忻州市宣传推广投资

"皇冠众筹""北京义众互联"等项目,并成功引来40余人的投资,成为其网站"会员",投资金额达200余万元。但在2月15日左右,"皇冠众筹"在互联网开设的网站忽然关闭。孔某一开始以春节期间公司暂停营业为由推诿,最后彻底人间蒸发。

• 一涉嫌违法众筹募资的淘宝店被证监会叫停。

2015年5月,一涉嫌非法集资的淘宝店被证监会叫停。该淘宝店于2012年10月由朱某开设。朱某先后两次利用出售公司"原始股"进行募资。

朱某第一次推出的产品为××传媒会员卡,叫价100元一张。会员卡除了有订阅电子杂志等功能外,还配送该公司的原始股份100股。后来,朱某对公司未来1年的初创规模和收入预期做了判断,估算公司将有2000万元市值,按每股1元的面值,她拿出20%的股份,即40万股股票面向社会发行,共认购了45万股。随后朱某启动了第二轮网上募集,第二次招募说明书内容显示,所有在淘宝网上购买××传媒的原始股都属于公众股,只有大额认购的股东才可以成为注册股东,并溢价20%以每股1.2元价格销售。公司两次合计共募集450万元。

但是好景不长,这种网上擅自发行股票的行为被证监会叫停。证监会认为,朱某的行为涉嫌利用互联网以众筹的方式,向不特定网友非法出售所谓的原始股,违反《中华人民共和国证券法》的规定,涉嫌非法集资。

防骗指南

纵观国内整个众筹行业,它的发展史并不长,众筹只是在近几年被人们认可和追捧。然而众筹平台的存在很大程度上靠的就是创业者和投资人之间的信任,相对应的法律责任却没有真正落实。所有项目的评估都得靠投资人自己完成,这具有很高的风险性。而且将诈骗项目和创业者的众筹项目区分开来的确很有难度。

在此建议投资人在参与众筹项目时，务必首先对项目进行认真的考察和分析，防止上当受骗；其次，发起众筹的创业者一定要选择适合自己项目的众筹模式和结构，预估项目的风险以及自己的承受能力，切勿盲目创业众筹，害人害己；最后，众筹平台网站应该严格把关，更加谨慎地审核其团队和产品，让那些投机分子无空可钻，确保投资人的资金安全。

五、非法集资

非法集资是指单位或个人未依照法定程序经有关部门批准以发行股票、债券、彩票、投资基金证券或其他债券凭证的方式向社会公众进行筹集资金，并承诺在一定期限内以货币、实物及其他方式向出资人还本付息或给予回报的行为。

非法集资主要有四个特征：非法性、公开性、利诱性和社会性。非法性就是指国家法律对其是明令禁止的。公开性就是对社会公众进行公开宣传。利诱性就是公开承诺给投资人回报多少。社会性就是向社会不特定人员吸收资金。

诈骗案例

- "大大宝"财富风波。

"打着基金公司的名义做 P2P，但实际上是非法集资。"2015 年 6 月，北京市打非办公布，北京市非法集资涉案 360 亿元，其中私募股权投资基金已经成为大案、要案高发领域和非法集资主要方式。

一位监管人士指出，现在《基金法》没有私募基金的说法，部分私募基金机构直接降低合格投资者的门槛要求，变成了公开募集的私募基金。还有多家私募基金公司只在基金业协会登记，但不对产品进行备案。

12月15日，上海申彤投资集团有限公司（下称申彤集团）由于公司资金兑付困难，要求员工必须购买公司产品，不然就"被离职"。不管是四川、山西还是上海，均有员工表示集团开始要求员工购买"私募基金"产品"大大宝"，公司最开始要求员工必须购买10万元的产品，后来降到5万元、1万元，再到1000元，如果不买就开除。已经有员工被开除回家。

"大大宝"为大大集团主推产品，名为CTC基金系列，期限为1个月和1年，对应的预期收益率为6%和9%。目前，1月期的产品全部停售，只有两个1年期的产品（CTC1号A、B）在售。这些产品并未在基金业协会备案。

有8个1月期的产品还未募集完就已经提前结束。其官网显示，截至12月15日，线上投资者2.93万人，累计投资1.9亿元，当日投资200万元，但线下规模不详。

有产品出现延迟兑付情况。有投资者反映，产品出现到期兑付比合同晚三个工作日的情况。投资人表示，11月5日在上海购买的1月期的CTC产品收到了本息兑付，6日购买的还未收到。

12月15日晚间，申彤集团官方回应称：最近公司根据市场的需要，对内部机构机制进行了一些调整，项目有增有减，人员有进有出；个别对所在公司整体规划不够了解或者对个人利益不满意的员工，散布了一些对公司不利、不实的言论。

这并未消除市场的疑虑。据了解，申彤集团旗下的私募基金公司被多次向监管部门投诉举报，涉嫌非法集资。一是多家子公司没有私募基金牌照，还公开销售未经备案的私募基金产品；二是员工激励不合常理，利诱员工疯狂销售以赚取提成，员工的年化收益高达20%,

而产品的收益是 8%～13%，则融资成本至少在 3.3%；三是资金无第三方托管，钱流向了企业自己的银行账户，且去向不明，公开信息则显示大部分资金投向各种公益项目和员工激励上。

据申彤集团官网介绍，申彤集团旗下有大大集团、迎智集团、茂坚集团、静静集团、菲阳集团等以"集团"为名的子公司，以大大集团为主，分别负责金融理财、创业培训、建筑装饰等业务。截至 2015 年 11 月，申彤集团已在全国 282 个城市设立分支机构，分公司总数达 500 家。

一名茂坚集团员工透露，购买"大大宝"产品并非通过 APP，而是把资金直接转到集团指定账号，账号对应的公司名称为西藏浦新投资管理合伙企业。据了解，西藏浦新注册于 2015 年 10 月 23 日，实际控制人为上海申彤大大资产管理公司相关负责人。

"要成功先发疯，头脑简单向前冲。"这是大大集团内部激励员工的名言。申彤集团在 2014 年约有 2 万名员工，从 2015 年上半年开始急速扩张，到现在估计有 10 万人。申彤官网则显示，目前有 6 万名员工。

多名在大大集团工作过的员工反映，申彤集团给的底薪和提成都高得离谱，一般员工底薪 6000 元，提成为每个月 20%。如果购买一个月 10 万元的理财产品（年利率 8%），就可以在底薪基础上拿到 1600 元的提成。

自从提出"大于一百天"的口号，员工的激励机制变得疯狂。由原来的每月拉投资 20 万元转正降低为拉 5 万元即可转正，工资由原来号称 8000 元上调到 1 万元，投资回报周期由原来的年利率 12% 增加到 20%，投资款期限可缩减为 1 个月和 3 个月。

大大集团的业绩考核按存量算，只要资金趴在账上就为业绩；转正后每月最低业绩为 10 万元，转正员工月薪基本都在 2.5 万元以上——1 万多元的基本工资加 1 万多元的提成。据员工自己估算，整个公司每月工资成本就将近 5 亿元。

第四章　互联网金融诈骗

公司以高额薪金吸引大批人员应聘后，对员工进行洗脑，称集团有"红二代"背景，项目是集团帮国家做的，有西藏地下资源开发的垄断权，已经拿到银行牌照等。

"大大集团内部大肆宣扬党工团建设，公司办公场地有大面积的有关党政的图片展览，并称集团与政府关系密切，误导员工与投资者。"一名员工透露，在大大集团官网，也专门开辟了党建频道；各地分公司都设立党办部门等。

目前，整个申彤集团只有3家相关公司在中国基金业协会登记为私募基金管理人，公司实缴资本均为0元，多位高管不具备从业资格。

深圳大大资产管理有限公司成立于2014年12月11日，法定代表人陈某，于2015年4月29日登记为私募股权投资基金管理人。注册资本2亿元，实缴资本0元，在登记的3名高管中，除陈某具有基金从业资格外，总经理阙某和风控经理于某均不具备从业资格，产品信息未登记，没有提供登记前后的经营情况。

深圳申彤投资集团有限公司成立于2014年12月10日，法定代表人黄某，于2015年6月29日登记，目前管理规模为0元。注册资金2亿元，实缴资本0元，黄某及风控主管翁某不具备从业资格。

北京申彤大大资产管理有限公司成立于2015年4月29日，法定代表人孙某，2015年7月16日登记，目前管理规模为0元。这家公司注册资本1000万元，实缴资本为0元，孙某并不具备基金从业资格。12月15日，孙某表示，在公司只从5月待到7月，因身体原因辞职，"只是在筹建北京公司过程中，帮助处理了一些问题"。

然而，在大大集团销售的产品中，并无这3家基金管理人的产品。大大集团官网显示，目前有5000万元的"某休闲酒店投资基金三期投资基金"及1亿元的"青岛某家具城投资基金"两款产品，前者的基金管理人是上海金绽投资管理有限公司，后者为上海申彤投资管理有限公司，均没有获取基金管理的牌照。

"这些产品卖不动,公司停售过一段时间。但由于业绩下滑明显,就把之前停售的产品再次发行,筹完资金的项目又拿出来筹集资金。"一名福建员工透露,"骗子还这么懒。"

为了吸引投资者,大大集团会在投资者签署合同后给予客户适当的"好处",开出的条件是投资 300 万元赠送一辆汽车。他投资了 50 万元 CTC 基金获赠了 70 克金条,价值 1 万余元。

大大集团如此激进的扩张线下销售团队,资金去向成谜。公司公益项目众多,且公司存在自融嫌疑。比如,CTC 基金标的为大学生创业就业实战营项目,公益性明显。据 CTC 官网介绍,项目由迎智教育科技集团运作,该集团前身为上海迎智信息科技有限公司,成立于 2008 年,2015 年成为申彤集团成员。这意味着融资项目亦为申彤自身项目。

- 海南工商联原副主席非法集资近 9 亿元被判无期。

2001—2009 年,沈桂林作为海口泰特典当有限公司董事长,通过借款方式融资用于该公司的典当业务及偿还借款利息,并向出借人支付 2‰~3‰的月息。2009 年以后,沈桂林通过本人招揽或公司员工、朋友等他人帮助招揽等方式,以个人名义,并以泰特典当、泰达拍卖等关联公司做担保,承诺支付月息 1.5‰~4‰的利息,与他人签订借款协议借款。

沈桂林收到借款后,大部分用于偿还以前借款本息,还用于购买房产及豪车、字画等艺术品和手表、钻戒等奢侈品。2013 年 12 月,多名被害人要求偿还数千万元本金,加上还要支付巨额利息,沈桂林的资金链出现断裂。沈桂林将登记借款金额、支付利息等资料的记录本烧毁后,于 12 月 7 日从海口出逃到中国香港,并辗转泰国曼谷、老挝万象等地。

截至案发,沈桂林共向 210 人非法集资金额共计 88182 万元。2016 年 4 月 1 日,海口市中级人民法院一审以集资诈骗罪判处沈桂林无期徒刑,剥夺政治权利终身,并处没收个人全部财产。

第四章 互联网金融诈骗

> **防骗指南**

非法集资活动具有很大的社会危害性。一是参与非法集资的当事人会遭受经济损失，甚至血本无归。用于非法集资的钱可能是参与人一辈子节衣缩食省下来的，也可能是养命钱，而非法集资人对这些资金则是任意挥霍、浪费、转移或者非法占有，参与人很难收回资金；二是非法集资也严重干扰了正常的经济、金融秩序，引发风险；三是非法集资容易引发社会不稳定，引发大量社会治安问题，甚至造成局部地区社会治安动荡。

防范非法集资，要做到"五不"：一是高息"诱饵"不动心；二是老板"实力"不崇拜；三是"官方"背景不迷信；四是"合法"吸储不大意；五是熟人"热心"不轻信。

六、网络理财

伴随互联网金融的火热，网络上的各类理财产品成了网民投资消费的新热点。然而在近年来曝光的巨额理财欺诈案中，各类金融投资类钓鱼网站开始成为欺诈主流，以"天天返利""高额回报"为诱饵的投资理财陷阱也层出不穷。

> **诈骗案例**

- 男子轻信"网络理财"被骗9.9万元。

阿诚平时就喜欢上网，2015年11月24日上午，他听朋友介绍，有一个做个人理财的网站里面有多个理财项目。阿诚在了解了网站的

互联网金融诈骗防范手册

所有理财项目后,便在这一网站内注册了个人账号,并填写了自己的个人信息和自己的银行卡账号。随后,通过手机银行分两次向注册的账号里充值了400元现金,购买了这一网站的理财产品。

11月24日下午5点多钟,阿诚的银行卡内收到了一个名叫崔某的人发来的140多元的收益短信。阿诚收到收益后,又在11月20日上午分多次往网站账号内充值了几万元现金购买理财产品,当天下午5点多再次收到崔某发来的140多元的收益款。11月26日,阿诚又买了部分理财产品,但却没收到产品收益款,阿诚便找到朋友询问情况,当阿诚从朋友处了解到产品收益有时会推迟发放的信息后,信以为真。11月27日,阿诚又购买了2.5万元的理财产品,当天下午4点多收到崔某发来的收益款1700多元。但在此之后一直到12月17日,阿诚再也没有收到产品的收益款,当阿诚想要再次登录网站了解事情的缘由时,该网站已无法登录,拨打原网站登记的联系电话和QQ号,都无法联系。此时阿诚才察觉自己被骗了,便到派出所报案。而阿诚先后在该网购买了9.9万元的理财产品。

- 陆某轻信"网络理财"被骗近百万元。

"你想做理财生意吗?我这儿有很多的理财项目可以做,让你坐在家里分利,如果在我这儿投资,不仅时间短,而且利息高,回报快,无风险,最起码确保你每个月10%的利息。"

2015年1月,南通开发区小海街道的陆某,在一个论坛看到一则帖子,并在该网站认识了一名自称做理财生意的总负责人,对方极富耐心地对陆某游说在网上贷款时间短、返还利息高。

"我们是做网上贷款的,筹集资金再去投资,投资项目也很多,保证能赚到钱,如果把钱放在他们那里,收益会很高,具体要看投资情况,但肯定收益不会少于每个月10%。"

为了得到陆某的信任,这位"总负责人"提出可以通过QQ聊天方式,让陆某更加了解对该网站理财的认识,并主动将他的QQ号和

第四章 互联网金融诈骗

手机号码留给陆某。随后,陆某以网名"最后的挚爱"与对方"鱼明总贷"成了 QQ 好友。

"最后的挚爱"与"鱼明总贷"自成 QQ 好友后,两人在网上不断交流理财方式,此后一连几天,陆某只要打开 QQ,便收到"鱼明总贷"不断发来客户在该网站投资的各种理财收益明细表。

"投资时间短,又是高额回报",陆某一一仔细"查看"了对方发来的明细账后,确信好多客户都在该网站赚了不少钱,便一改原先对"鱼明总贷"的警觉、怀疑,决定"小试牛刀",为了便于保持联系,双方还相互留下手机号码。

时隔数日后,"鱼明总贷"通过 QQ 给陆某发来一个理财的专用账户,并指导陆某将钱打进该账户。

2015 年 4 月 8 日、9 日,陆某按照"鱼明总贷"指定的理财账户,通过建设银行卡的网上银行,先后分两次转账给对方指定的账户,共计 5.5 万元。

"最近一段时间效益比较好,如果你想在短时间内得到高额回报,就必须继续投资",4 月 11 日上午,"鱼明总贷"打电话给陆某,并将 3700 元利息打到陆某的账户。

"才仅仅过了一天时间,就有这么多的利息进账了。"此时的陆某似乎彻底相信了"鱼明总贷"这名网站理财总负责人。

2015 年 4 月 11 日、12 日,对理财网站坚信不疑且毫无防备的陆某按照对方的意思,先后通过网银向指定银行卡号汇去共计 19 万元。

"最近有几个大的投资项目,值得考虑,建议可以大量投入一定的资金。"4 月 12 日晚上,"鱼明总贷"给陆某打来可以继续投资的电话,随后分 3 次陆续给陆某的账户返还利息 26406 元。

天上不会掉馅饼,在高额的利益背后,必定是深不见底的陷阱。此时的陆某像着迷似的,又连续于 4 月 13 日至 25 日先后分 14 次通过建行卡网银和支付宝向对方指定账户转账 69.6 万元。

4月25日晚上，陆某打电话给"鱼明总贷"，对方手机号码却变成空号，对方还将陆某QQ拉黑。

QQ被拉黑，手机又成了空号，对方如石沉大海般没了踪影，一连两天，急得如热锅上蚂蚁的陆某因联系不到对方，如梦初醒发现受骗上当。

4月27日上午，心急如焚的陆某急匆匆地来到就近的小海派出所报了警。随后，开发区警方立案侦查。

- 贵金属网络投资诈骗。

40岁的王先生在宁波鄞州区经营着一家五金加工厂，几年下来也是个成功的小老板。前一段时间，王先生在上网时收到了一条QQ请求添加好友的消息，QQ个人资料显示对方是一位昵称叫"杨柳依依"的女性，30岁，头像是美丽干练的职业女性形象。王先生没多想就加了对方为好友，两人很快从各自爱好聊到了工作投资。"杨柳依依"自称是做服装生意的，平时还兼做白银、蓝田玉的投资生意，已经赚了不少钱了。

网友"杨柳依依"向他推荐了理财顾问罗老师，王先生随后加了罗老师的QQ，罗老师建议王先生可以先在模拟系统里学习一下，等了解具体怎么操作后再进行投资交易，不过要模拟操作必须先开户，王先生按照对方的要求下载安装了一个名叫"金叶珠宝订货回购系统"的操作平台，在网上签了开户合同。

经过几天模拟系统的学习之后，王先生便投入了2000元到真实的金叶珠宝投资平台，并请罗老师给予指导，罗老师却因2000元本金太少赚不到手续费为由拒绝指导。在该网友的劝说下，王先生心动了，转入20万元开始炒蓝田玉，按照罗老师的指示进行操作，短短半个月之后便有了5万元的盈利，王先生很是高兴。

罗老师鼓动王先生继续加大投资："最近形势大好，一定要抓住机会好好炒两把。"于是王先生又陆续将30万元转入该投资系统，按罗老师的指示购买了系统中的"蓝田玉材料"。哪知这天投钱之后却连连亏损，而罗老师却一直让其不断加仓，并称技术部没有说今天平仓，不要私自出仓，要保持好仓位，王先生乖乖按照指示操作。1小时后，王先生在该系统账户里的钱都打了水漂。王先生这才感觉被骗，连忙报警。

经多方排查及采用技术手段侦查，警方在福建省福州市一个小区端掉了这家"贵金属交易黑公司"。

原来4位福建籍的80后年轻人杜某、赵某、钱某、孙某经商议后，于2013年10月在福建州组建了一家公司，未办理工商注册登记等任何手续。杜某、赵某各占30%的股份，钱某、孙某各占20%的股份。

公司成立后，4人以从事所谓的网络营销、推广贵金属投资业务的名义招募业务员，并对业务员进行培训指导，要求他们申请新的QQ号或利用公司配发的QQ号在网上寻找客户，编造投资贵金属获利的假象诱骗客户进入该公司指定的网上不法交易平台进行贵金属炒作，使客户陷入贵金属网上投资的骗局。

该公司组织严密，股东4人各有分工，杜某与网上不法交易平台配合，并假扮贵金属理财顾问、操控客户交易；赵某负责公司培训等日常管理工作；钱某、孙某兼为业务员，又为公司招募其他业务员，并对新业务员进行培训及工作指导。

据证实，2013年11月2014年1月，该公司利用诈骗手段骗取多位被害人资金共计200余万元。

防骗指南

针对目前各类诈骗犯罪分子不断翻新诈骗手段现象，广大市民一定不要轻信陌生人所谓的高额投资，不要往陌生的网上银行账户汇款，不要轻信网上流转的各类信息和网址，一旦涉及，由此造成的经济损失不堪设想。另外在购买理财产品时一定要加强自我保护意识，进行理性投资。目前各大银行理财产品收益都有标准，凡是超过这个收益率的都具有极大风险，特别是一些宣称保本收益、短期分红高的大多是骗局。在互联网上遇有关于网络购物、网络中奖、网络理财、网络炒股等可疑信息的，要做到不看、不信、不转账、不汇款，如有疑问请拨打110向反诈骗专家咨询，以免上当受骗，给自己造成不可挽回的经济损失。

七、积分兑奖品

近年来，出现不少不法分子利用"改号软件"等工具对信息发送号码进行篡改，伪装成银行官方号码，向广大用户群发积分兑换信息，信息中会附带有木马网站链接，受害人若点击进入网站后，便会被提示输入密码或者验证码等信息，随后就会发生卡内现金被盗走的情况。

诈骗案例

- 北京一男子轻信积分兑奖短信致信用卡被盗刷。

2015年4月6日，北京的杨先生收到一条由某电信运营商发来的积分兑换短信，内容如下："尊敬的用户您好，您的话费积分3160即将过期，请手机登录web 10086.com/bank激活领取现金礼包。中国移动。"

见到短信是由自己手机号所在运营商的号码发送的，因网址与真实网址近似，杨先生并没有过多的怀疑，就用手机打开了网址。进入的也是一个标题为"掌上营业厅"的页面,页面要求填写姓名、身份证号、信用卡卡号、交易密码、预留手机和卡背后三位数等信息。

杨先生按照要求填写了相关信息后,点击下一步,又进入了一个标题为"全国银联信用卡提额专用"的页面。继续填写信息后就被要求下载一个安全控件(实际上是木马程序)。

当杨先生一切都按照页面提示提交信息后,页面就进入了一直等待的状态。不久后,杨先生就收到多笔消费短信,提示自己的信用卡被消费了7739元。

- 烟台男子轻信积分兑换被骗万元。

王先生于2015年年底办理了某银行的储蓄卡,并开通了手机银行、短信提醒等业务,他的工资等都会存在该银行卡里,平时消费也都是使用该银行卡。23日下午,王先生收到了一条手机短信,短信提醒王先生,他的账号累计积分9678分,可兑换500元现金礼包,积分将于当日24时自动清零,并附有一个现金礼包兑换链接。

一开始,王先生有点怀疑是诈骗短信,但又想到万一积分兑换现金活动是真的,自己不领取岂不是亏了?看到短信的发出者不是个人手机号,并且短信署名是王先生银行卡所属的银行,而且短信中的链接看起来也很正规,王先生考虑过后点了进去。

看到和官网一模一样的页面,王先生放心地输入了自己的银行卡号、密码等信息,并输入了银行发送给他的验证码。但是,输入完成后,王先生非但没有兑换到500元的现金礼包,反而收到了卡内1万多元被转走的短信提示。这时,他才意识到刚才的短信有问题,自己的银行卡被盗刷了,随即拨打110报警。

- "10086"发短信植木马盗刷银行卡。

近几年,数十万广州市民收到"10086"发来的积分兑换现金短信,仔细一看,其提供的网址却与10086的官网不同,有人点进去,按提示激活下载软件,手机却中了木马,银行卡被莫名盗刷。近期,广州警方联合茂名、中山、佛山、江门四地警方和中国移动省、市分公司，已经抓获这个冒充"10086"进行短信诈骗的特大团伙，抓获犯罪嫌疑人27名，缴获作案工具"伪基站"设备12套等。

据介绍，该团伙大部分成员都是茂名籍人，一半都是90后。4月10日至5月20日，他们就发送短信约498万条。

"尊敬的客户：您的话费积分符合兑换498元现金条件，请用手机登录www.10086tct.cc根据提示激活。打开领取【中国移动】。"2014年12月以来，广州不少市民收到"10086"发来的类似短信。该短信与正常的10086短信处于同一短信界面，极难分辨。

2015年3月25日，事主高某收到一条涉及"10086"发来的积分兑换短信，高某随即用手机登录短信上的链接网址www.10086phk.com，并按照手机的提示信息输入与银行卡捆绑的手机号码、提现密码，提交后高某的手机就收到工商银行以及建设银行发来的银行卡被消费支出的提醒短信，高某的工商银行卡和建设银行卡一共被消费支付16900元，高某才发现被骗，随即报警。

据了解，广州警方已接报此类案件400多宗，每笔被骗数额从几百元到几万元不等，最高单笔被骗金额达十几万元。

防骗指南

一般服务短信不会要求客户同时提供银行卡号和密码，如果是则该短信为诈骗短信。即使接到"官方"号码来电，也要根据来电内容综合判断分析是否为诈骗信息，最好是致电权威部门进行验证。

如果短信内有链接，则要分辨是不是官方网站链接，而不是根据页面是否和官方网站相同来分辨，更不要轻易在网站上同时输入自己的银行卡号、身份证号、手机号等信息，以及手机收到的验证码。收到短信提示的银行活动,如果无法分辨真假,一定要拨打银行客服电话进行查询,以免上当受骗,造成经济损失。

八、股票骗局

股市有风险,投资需谨慎,别被股市高回报率晃了眼,谨防股市投资骗局,防范投资风险。

(1) 向用户推荐十大牛股骗局

此类骗术通常以学习股票知识、推荐股票为名,向用户收取押金或保证金,对那些急于求成的新股民尤为有效。事实上,正规的证券公司一般是不会向股民提供付费荐股服务的,更不会以此为名向用户收取押金或保证金。他们通常发来所谓公司的营业执照、工商证明或组织机构代码等照片或图片,只要拨打证券公司的官方客服进行询问也就能清楚了。

(2) 炒股软件骗局

股市利润高,绝大多数投资者都想在股市捞金,有炒股经验的投资者还行,但对于那些无经验、根本就不懂得股市投资的人,甚至一些懒人,想在股市获利,就去相信那些所谓的炒股软件。为了引诱投资者进入,不法分子都会声称,该软件能帮股民精确捕捉股票买卖点,有专家在线指导操作,甚至保证软件使用者每支股能获利多少。投资者一旦轻信承诺,花高昂的费用购买了此软件,结果往往是亏损越来越大。

炒股软件,宣称为"炒股神器",纯粹忽悠。只不过是为投资者提供了一些股市历史资料,让投资者更好地了解市场信息,是辅助工具。但是此软件并不能预知股市未来的走势。那些保证使用者能获利多少的软件,一定是骗人的。

(3) 股市黑马骗局

相信很多人都看到过这样的网络宣传标语"天天公开×只黑马，100%获利，一年赚个百来万不是梦""只要8000元，就能提前买牛股，收益超60%""本公司发表资料仅供参考""3~5个交易日便可收益20%，稳赚不赔"……如此吸引人，散户看了哪能不动心？散户被引诱加入QQ股票黑马群，然后群主指导投资者炒股，群主也会每天为客户提前布局而涨停获利的股票交割单，巨额的收益让几千元甚至几万元的会费一下显得微不足道了。

股市黑马骗局，主要是通过QQ群、短信等方式夸大宣传，诱骗投资者上钩，股民成为会员后，要求交纳高昂的会员费用，不法分子一旦骗到钱后再也不理睬，甚至玩失踪。

诈骗案例

- 梁某被炒股网站骗取100余万元。

浙江安吉一市民原本以为可以通过炒股网站"神预测"赚大钱的，不料却被骗100余万元。

家住安吉的梁某和往常一样，在家里上网翻看网页，因为最近的股市前景大好，所以梁某对炒股有着很大的兴趣。他发现一个名叫"××证券"的网站上股票预测信息十分准确，因此梁某拨打了网页上提供的电话，想和这家炒股网站"合作"炒股。

客服告诉梁某想要成为会员需要交纳2500元入会费。之后，对方提供了一个建行账户，梁某通过银行转账给对方2500元。

第二天早上8点，一名自称是"××证券"客服的男子打来了电话，并说只要资金到账，确认后就会将资金返还。尽管当时梁某有些犹豫，但后来还是按照对方的要求分两次转了30万元、70万元到对方的账户。

第四章 互联网金融诈骗

然而,梁某等了很久,一直到下午 4 点多,100 万元也没有转账回来。梁某不断联系客服,但对方的手机已经关机了。梁某意识到被骗,立马报警。

警方接到报案后,根据受害人的讲述,立刻采取行动,希望能够冻结该客服提供的汇款账户。不幸的是,100 万元已经被骗子在一个小时前就划走了,资金已无法冻结。

当警方再次登录梁某提供的炒股网站时,发现网页已经无法打开,梁某这才确信,自己是真的被骗了。

• 40 岁老股东得到"大师"指点后被骗。

阿彤今年 40 岁,家住扬州市邗江区,炒股多年,但收益一直不理想。能得到"大师"指点一二,是她梦寐以求的事。2015 年 11 月,阿彤在上网时,被人拉入一个股票散户交流的社交群。群主"文博老师"介绍,他是专门帮人投资股票的,如果阿彤加入会员,他就会告诉她买哪支股能赚钱。其中,几个群成员纷纷附和,称"文博老师"推荐的股票好,他们都赚了不少钱。

就在阿彤半信半疑时,一个昵称为"箫声"的群成员添加阿彤为好友。在聊天过程中,"箫声"告诉阿彤,他就是"文博老师"的会员,最近,他经大师指点,购买了几支股票,收益都比较好。阿彤随手查了一下"箫声"所说的这几支股票,结果发现,这些股票确实不错。这下,阿彤心动了,"交点钱,能获得大师指点,也是值得的"。抱着这种心理,阿彤答应入会,并按照"文博老师"的要求,交纳了 4 万多元会员费。

此后,"文博老师"向阿彤介绍了一个叫"鹿鸣"的"荐股大师"。在该大师的指点下,阿彤购买了几支股票,但这几支股票的收益都不好。对此,"鹿鸣"解释,她目前只是初级会员,所以只能得到一些基本的信息,只有升级会员级别,才能得到更好的消息。而升级会员,需要再交纳 2 万余元。

一听又要交钱,阿彤有点犹豫了。无奈之下,她开始在社交软件上咨询"箫声","箫声"建议她交钱升级,因为他就是在升级后获得了更好的内部消息。同时,"箫声"说了升级后大师推荐给他的股票,并发来一张股票交割记录。该记录显示,"箫声"靠投资这几支股票,已经赚了6万元。随后,阿彤查询发现,"箫声"购买的股票都已涨停,便交纳了2万余元的升级费。

令阿彤没想到的是,升级后,她按照"鹿鸣"的指点,购买股票,效益却非常不理想。其中,有几支股票不涨反跌。这下,阿彤觉得对方不靠谱,向对方讨说法。但对方仍像上次一样,劝她继续升级。阿彤感觉不对劲,不愿意再升级,并开始催对方退款。见阿彤几次三番执意要退款,对方开始不再理会她,并把她拉入了黑名单。此后,"文博老师""箫声"等人也不再与阿彤联系。阿彤感觉自己被骗,2015年12月3日,她向邗江警方报案。

接到报案后,扬州邗江警方展开调查。侦查人员发现,阿彤在涉案社交群内认识的"文博老师""箫声"等人虽然账号不同,标注的所在地区、年龄等信息都不同,但实际上却是同一人。这一蹊跷情况引起了警方的警觉。后警方通过进一步侦查发现,该荐股群是一个骗人交会员费的诈骗群。

2016年2月27日,邗江警方对阿彤被骗案立案侦查。3月,警方经大量侦查工作查明了该诈骗团伙的办公地点——郑州一写字楼23楼。3月23日,邗江警方在河南郑州展开收网行动,抓获骗子公司老总、总监、股票分析师、业务员等犯罪嫌疑人共计54人。警方扣押的相关统计表显示,截至案发时,该公司共发展会员2000多人,几乎遍布全国。

扬州市邗江区检察院经审查后,依法对该犯罪团伙35人批准逮捕,另外19人被公安机关取保候审。

- 张先生相信"内幕"股票,被骗走22万元。

2016年1月13日,47岁的杭州张先生收到一条自称为上海某证

第四章 互联网金融诈骗

券公司的短信,交2万元可以做股票内盘,并提供了公司的网址链接。之后几天,张先生每天都会收到该号码发来的推荐股票的短信,而且第二天该股票都会大涨。

1月18日下午,张先生利用短信发来的网址链接登录了公司网站,注册了会员,签了电子合同,填写了资金额度20万元,并根据要求通过银行转账的方式交了22800元。随后,在一个自称公司客服男子的指挥下,张先生用之前的2万元为本金进行交易,1月19日上午,张先生的银行卡收到21430元,赢利1430元。客服立即致电张先生将2万元转账过去接着进行内盘交易,并要求张先生转账20万元进行资金审验,称5分钟后还回,完成验资后公司将会为其提供股票信息。于是,张先生在工商银行江城路支行通过柜面将22万元转至对方账户。半小时后,张先生多次致电客服询问验资情况,对方先是以排队为由拖延时间,随后电话关机,张先生意识到被骗,共计被骗221370元。

警方经过近3个月的缜密侦查,3次南下、跨省追踪,5月18日晚,在福建泉州成功抓获3名(网络)诈骗犯罪团伙成员,现场缴获用于诈骗的笔记本电脑1台、手机8部、银行卡29张及U盾、天翼3G上网卡等物品,成功破获"1·19"跨省特大通信诈骗案。

• 周女士轻信"内幕"股票,被骗200万元。

周女士是一个老股民,可是炒股多年,挣的没有亏的多。虽然时隔3年,她至今还清晰地记得2013年7月的那天,她接到一个陌生的电话,对方自称是"天空财经网"的业务员,声称有内幕消息,可以带着她一起做股票,为表诚意,对方免费为她推荐了一支股票,并跟周女士保证,每个月都有10%的盈利。

周女士抱着试试看的心理买入了推荐的股票,出乎意料,第二天股票大涨,周女士不费吹灰之力就赚到一笔,尝到了甜头,如此一来她开始相信对方,当业务员再次打来电话,保证只要跟着他们炒股,肯定稳赚不赔，并让她交纳9800元购买一套炒股软件成为其会员时，周女士没有任何犹豫便给对方汇了钱。

一段时间后，公司助理打电话回访，得知周女士对推荐的股票盈利很满意，告诉她，可以推荐知名股票分析师"徐强"带她操作，如果跟着"徐强"就可以进"老鼠仓"，但要交纳3万元入会费，就这样周女士成了"钻石会员"，加入一个叫"金九银十"的QQ客户群，经过"徐强"的指点，周女士确实赚了一笔钱，这样一来周女士对"徐强"深信不疑。而对方见到周女士出手如此阔绰，没多久，就又让其申请加入赢利更加丰厚的"自营盘"，但这次需要融资20万元，虽然觉得把钱打入对方账户，让他们操盘有一定的风险，但经不住高额回报诱惑的周女士最终还是将钱汇给了对方。

接下来的一段时间，"徐强"频繁催促周女士打款增加"融资"金额，短短两个多月的时间，周女士的融资金额达到90万元，至2015年1月，周女士由于建档费、会员费、诚意金、老师指导费、生日费、融资费、高端客户群会费等，已向这家公司陆续汇款200余万元。

可好景不长，周女士的股票被套牢，而该公司仍以各种名目催促她继续交纳五花八门的各种费用，以往的钱已经索要无门，还要不停再往里投钱，这时的周女士才意识到这很可能是个骗局，幡然醒悟，随即向仪征警方报警。

接到报警，公安局高度重视，迅速成立专案组，立即围绕受害人资金流向展开调查，最终在合肥市将团伙骨干成员杨某、陈某、孙某等20余人抓获，缴获作案电脑120余台，赃款60余万元。